WHAT IS PHILOSOPHY
哲学是什么

胡军 著

北京大学出版社
PEKING UNIVERSITY PRESS

图书在版编目(CIP)数据

哲学是什么/胡军著. —北京:北京大学出版社,2015.9
（人文社会科学是什么）
ISBN 978-7-301-25897-2

Ⅰ.①哲… Ⅱ.①胡… Ⅲ.①哲学—通俗读物 Ⅳ.①B-49

中国版本图书馆 CIP 数据核字(2015)第 121294 号

书　　名	哲学是什么
著作责任者	胡　军　著
策划编辑	杨书澜
责任编辑	闵艳芸
标准书号	ISBN 978-7-301-25897-2
出版发行	北京大学出版社
地　　址	北京市海淀区成府路 205 号　100871
网　　址	http://www.pup.cn
电子信箱	minyanyun@163.com
新浪微博	@北京大学出版社
电　　话	邮购部 62752015　发行部 62750672　编辑部 62750673
印　刷　者	北京中科印刷有限公司
经　销　者	新华书店
	890 毫米×1240 毫米　A5　10.25 印张　202 千字
	2015 年 9 月第 1 版　2022 年 6 月第 6 次印刷
定　　价	48.00 元

未经许可，不得以任何方式复制或抄袭本书之部分或全部内容。
版权所有，侵权必究
举报电话: 010-62752024　电子信箱: fd@pup.pku.edu.cn
图书如有印装质量问题，请与出版部联系，电话: 010-62756370

阅 读 说 明

亲爱的读者朋友：

非常感谢您能够阅读我们为您精心策划的"人文社会科学是什么"丛书。这套丛书是为大、中学生及所有人文社会科学爱好者编写的入门读物。

这套丛书对您的意义：

1. 如果您是中学生，通过阅读这套丛书，可以扩大您的知识面，这有助于提高您的写作能力，无论写人、写事，还是写景都可以从多角度、多方面展开，从而加深文章的思想性，避免空洞无物或内容浅薄的华丽辞藻的堆砌（尤其近年来高考中话题作文的出现对考生的分析问题能力及知识面的要求更高）；另一方面，与自然科学知识可提供给人们生存本领相比，人文社会科学知识显得更为重要，它帮助您确立正确的人生观、价值观，教给您做人的道理。

2. 如果您是中学生，通过阅读这套丛书，可以使您对人文社会科学有大致的了解，在高考填报志愿时，可凭借自己的兴趣去选择。因为兴趣是最好的老师，有兴趣才能保证您在这个领域取得成功。

3. 如果您是大学生，通过阅读这套丛书，可以帮助您更好地进入自己的专业领域。因为毫无疑问这是一套深入浅出的教学参考书。

4. 如果您是大学生,通过阅读这套丛书,可以加深自己对人生、对社会的认识,对一些经济、社会、政治、宗教等现象做出合理的解释;可以提升自己的人格,开阔自己的视野,培养自己的人文素质。上了大学未必就能保证就业,就业未必就是成功。完善的人格,较高的人文素质是保证您就业以至成功的必要条件。

5. 如果您是人文社会科学爱好者,通过阅读这套丛书,可以让您轻松步入人文社会科学的殿堂,领略人文社会科学的无限风光。当有人问您什么书可以使阅读成为享受?我们相信,您会回答:"人文社会科学是什么"丛书。

您如何阅读这套丛书:

1. 翻开书您会看到每章有些语词是黑体字,那是您必须弄清楚的重要概念。对这些关键词或概念的把握是您完整领会一章内容的必要的前提。书中的黑体字所表示的概念一般都有定义。理解了这些定义的内涵和外延,您就理解了这个概念。

2. 书后还附有作者推荐的书目。如您想继续深入学习,可阅读书目中所列的图书。

我们相信,这套书会助您成为人格健康、心态开放、温文尔雅、博学多识的人。

序 一

让人文情怀和科学精神滋润心田

北京大学校长

林建华

一直以来,社会都比较关注知识的实用性,"知识就是力量""科学技术是第一生产力",对于一个物质匮乏、知识贫乏的时代来说,这无疑是非常必要的。过去的几十年,中国经济和社会都发生了深刻变化,常常给人恍如隔世的感觉。互联网+、跨界、融合、大数据,层出不穷,正以难以想象的速度颠覆传统……。中国正与世界一起,经历着更猛烈的变化过程,我们的社会已经进入到以创新驱动发展的阶段。

中国是唯一一个由古文明发展至今的大国,是人类发展史上的奇迹。在近代史中,我们的国家曾经历了百年的苦难和屈辱,中国人民从未放弃探索伟大民族复兴之路。北京大学作为中国最古老的学府,一百多年来,一直上下求索科学技术、人文学科和社会科学的发展道路。我们深知，进步决不是忽视既有文明的积累，更不可能用一种文明替代另一种文明，发展必须充分吸收人类积累的知识、承载人类多样化的文明。我们不仅应当学习和借鉴西方的科学和人文情怀，还要传承和弘扬中国辉煌的文明和智慧，这些正是中国大学的历史使命，更是每个龙的传人永远的精神基因。

通俗读物不同于专著，既要通俗易懂，还要概念清晰、更要喜闻乐见，让非专业人士能够读、愿意读。移动互联时代，人们的阅读习惯正在改变，越来越多的人喜欢碎片化地去寻找和猎取知识。我们真诚地希望，这套"人文社会科学是什么"丛书能帮助读者重拾系统阅读的乐趣，让理解人文学科和社会科学基本内容的欣喜丰盈滋润心田；我们更期待，这套书能成为一颗让人胸怀博大的文明种子，在读者的心田生根、发芽、开花、结果。无论他们从事什么职业，都能满怀人文情怀和科学精神，都能展现出中华文明和人类智慧。

历史早已证明，最伟大的创造从来都是科学与艺术的完美结合。我们只有把科学技术、人文修养、家国责任连在一起，才能真正懂人之为人、真正懂得中国、真正懂得世界，才能真正守正创新、引领未来。

2015 年 8 月

序 二

重视人文学科 高扬人文价值

北京大学校长

人类已经进入了21世纪。

在新的世纪里,我们中华民族的现代化事业既面临着极大的机遇,也同样面临着极大的挑战。如何抓住机遇,迎接挑战,把中国的事情办好,是我们当前的首要任务。要顺利完成这一任务的关键就是如何设法使我们每一个人都获得全面的发展。这就是说,我们不但要学习先进的自然科学知识,而且也得学习、掌握人文科学知识。

江泽民主席说,创新是一个民族的灵魂。而创新人才的培养需要良好的人文氛围,正如有些学者提出的那样,因为人文和艺术的教育能够培养人的感悟能力和形象思维,这对创新人才的培养至关重要。从这个意义上说,人文科学的知识对于我们来说要显得更为重要。我们迄今所能掌握的知识都是人的知识。正因为有了人,所以才使知识的形成有了可能。那些看似与人或人文学科毫无关系的学科,其实都与人休戚相关。比如我们一谈到数学,往往首先想到的是点、线、面及其相互间的数量关系和表达这些关系的公理、定理等。这样的看法不能说是错误的,但却是不准确的。因为它恰恰忘记了数学知识是人类的知识,没有人类的富于创造性的理性活动,我们是不可能形成包括数学知识在内的知识系统的,所以爱因斯坦才说:"比如整数系,显然是人类头脑的一种发明,一种自己创造自己的工具,它使某些感觉经验的整理简单化了。"数学如此,逻辑学知识也这样。谈到逻辑,我们首先想到的是那些枯燥乏味的推导原理或公式。其实逻辑知识的唯一目的在于说明人类的推理能力的原理和作用,以及人类所具有的观念的性质。总之,一切知识都是人的产物,离开了人,知识的形成和发展都将得不到说明。

因此我们要真正地掌握、了解并且能够准确地运用科学知识,就必须首先要知道人或关于人的科学。人文科学就是关于人的科学,她告诉我们,人是什么,人具有什么样的本质。

现在越来越得到重视的管理科学在本质上也是"以人为本"的学科。被管理者是由人组成的群体,管理者也是由人组成的群体。管理者如果不具备人文科学的知识,就绝对不可能成为优秀的管理者。

但恰恰如此重要的人文科学的教育在过去没有得到重视。我们单方面地强调技术教育或职业教育,而在很大的程度上忽视了人文素质的教育。这样的教育使学生能够掌握某一门学科的知识,充其量能够脚踏实地完成某一项工作,但他们却不可能知道人究竟为何物,社会具有什么样的性质。他们既缺乏高远的理想,也没有宽阔的胸怀,既无智者的机智,也乏仁人的儒雅。当然人生的意义或价值也必然在他们的视域之外。这样的人就是我们常说的"问题青年"。

当然我们不是说科学技术教育或职业教育不重要。而是说,在学习和掌握具有实用性的自然科学知识的时候,我们更不应忘记对于人类来说重要得多的学科,即使我们掌握生活的智慧和艺术的科学。自然科学强调的是"是什么"的客观陈述,而人文学科则注重"应当是什么"的价值内涵。这些学科包括哲学、历史学、文学、美学、伦理学、逻辑学、宗教学、人类学、社会学、政治学、心理学、教育学、法律学、经济学等。只有这样的学科才能使我们真正地懂得什么是真正的自由、什么是生活的智慧。也只有这样的学科才能引导我们思考人生的目的、意义、价值,从而设立一种理想的人格、目标,并愿意为之奋斗终身。人文学科的教育目标是发展人性、完善人格,提供正确的价值观或意义理论,为社会确立正确的人文价值观的导向。

国外很多著名的理工科大学早已重视对学生进行人文科学的教育。他们的理念是,不学习人文学科就不懂得什么是真正意义的人,就不会成为一个有价值、有理想的人。国内不少大学也正在开始这么做,比如北京大学的理科的学生就必须选修一定量的文科课程,并在校内开展多种讲座,使文科的学生增加现代科学技术的知识,也使理科的学生有较好的人文底蕴。

我们中国历来就是人文大国,有着悠久的人文教育传统。古人云:"文明以止,人文也。观乎天文,以察时变,观乎人文,以化成天下。"这一传统绵延了几千年,从未中断。现在我们更应该重视人文学科的教育,高扬人文价值。北京大学出版社为了普及、推广人文科学知识,提升人文价值,塑造文明、开放、民主、科学、进步的民族精神,推出了"人文社会科学是什么"丛书,为大中学生提供了一套高质量的人文素质教育教材,是一件大好事。

2001 年 8 月

人文素质在哪里？

——推介"人文社会科学是什么"丛书

乐黛云

人文素质是一种内在的东西，正如孟子所说："仁义礼智根於心，其生色也睟然，见於面，盎於背，施於四体，四体不言而喻。"(《尽心上》)人文素质是人对生活的看法，人内心的道德修养，以及由此而生的为人处世之道。它表现在人们的言谈举止之间，它于不知不觉之时流露于你的眼神、表情和姿态，甚至从背后看去也能充沛显现。

要培养和提高自己的人文素质，首先要知道在历史的长河中人类创造了哪些不可磨灭的最美好的东西；其次要以他人为参照，了解人们在这浩瀚的知识、艺术海洋中是如何吸取营养，丰富自己的；第三是要勤于思考，敏于选择，身体力行，将自己认为真正有价值的因素融入自己的生活。要做到这三点并不是一件容易的事，往往会茫无头绪，不知从何做起。这时，人们多么希望能看到一条可以沿着向前走的小径，一颗在前面闪烁引路的星星，或者是过去的跋涉者留下的若隐若现的脚印！

是的，在你面前的，就是这条小径，这颗星星，这些脚印！这就是:《哲学是什么》《美学是什么》《文学是什么》《历史学是什么》《心理学是什么》《逻辑学是什么》《人类学是什么》《伦理学是什么》《宗教学是什么》《社会学是什么》《教育学是什么》《法学是什么》《政治学是什么》《经济学是什么》,等等,每册15万字左右的"人文社会科学是什么"丛书。这套丛书向你展示了古今中外人类文明所创造的最有价值的精粹,它有条不紊地为你分析了各门学科的来龙去脉、研究方法、近况和远景;它记载了前人走过的弯路和陷阱,让你能更快地到达目的地;它像亲人,像朋友,亲切地、平和地与你娓娓而谈,让你于不知不觉中,提高了自己的人生境界!

要达到以上目的,丛书的作者不仅要有渊博的学问,还要有丰富的治学经验和远见卓识,更重要的是要有一种走出精英治学的小圈子,为年青的后来者贡献时间和精力的胸怀。当年,在邀请作者时,策划者实在是十分困难而又费尽心思!经过几番艰苦努力,丛书的作者终于确定下来,他们都是年富力强,至少有20年学术积累,一直活跃在教学科研第一线的,有主见、有创意、有成就的学术骨干。

《历史学是什么》的作者葛剑雄教授则是学识渊博、声名卓著、足迹遍及亚非欧美的复旦大学历史学家。其他作者的情形大概也都类此,他们繁忙的日程不言自明,然而,他们都抽出时间,为这套旨在提高年轻人人文素质的丛书进行了精心的写作。

《哲学是什么》的作者胡军教授,早在上世纪90年代初期就已获北京大学哲学博士学位,在中、西哲学方面都深有造诣。目前,他不仅要带博士研究生、要上课,而且还是统管北京大学哲学系全系科研与教学的系副主任。

《美学是什么》的作者周宪教授,属于改革开放后北京大学最早的一批美学硕士,后又在南京大学读了博士学位,现任南京大学中文系系主任。

从已成的书来看,作者对于书的写法都是力求创新,精心构思,各有特色的。例如胡军教授的书,特别致力于将哲学从狭小的精英圈子里解放出来,让人们懂得:哲学就是指导人们生活的艺术和智慧,是对于人生道路的系统的反思,是美好的、有意义的生活的向导,是我们正不断地行进于其上的生活道路,是爱智慧以及对智慧的不懈追求,是力求提升人生境界的境界之学。全书围绕"哲学为何物"这一问题,层层展开,对"哲学的问题""哲学的方法""哲学的价值"等难以通俗论述的问题做了清晰的分梳。

葛剑雄教授的书则更多地立足于对现实问题的批判和探讨,他一开始就区分了"历史研究"和"历史运用"两个层面,提出对"历史研究"来说,必须摆脱政治神话的干扰,抵抗意识形态的侵蚀,进行学科的科学化建设。同时,对"影射史学""古为今用""以史为鉴""春秋笔法",以及清宫戏泛滥、家谱研究盛行等问题做了深入的辨析,这些辨析都是发前人所未发,不仅传播了知识而且对史学理论也有独到的发展和厘清。

周宪教授的《美学是什么》更是呈现出极为新颖独到的构思。该书在每一部分正文之前都选录了几则古今中外美学家的有关警言,正文中标以形象鲜明生动的小标题,并穿插多处小资料和图表,"关键词"和"进一步阅读书目"则会将读者带入更深邃的美学空间。该书以"散点结构"的方式尽量平易近人地展开作者与读者之间的平等对话;中、西古典美学与现代美学之间的平等对话;作者与中、西古典美学和现代美学之间的平等对话,因而展开了一道又一道多元而开阔的美学风景。

这里不能对丛书的每一本都进行介绍和分析,但可以确信地说,读完这套丛书,你一定会清晰地感觉到你的人文素质被提高到了一个新的境界,这正是你曾苦苦求索的境界,恰如王国维所说:"众里寻他千百度,回头蓦见,那人正在灯火阑珊处。"于是,你会感到一种内在的人文素质的升华,感到孟子所说的那种"见於面,盎於背,施於四体"的现象,你的事业和生活也将随之进入一个崭新的前所未有的新阶段。

目 录
CONTENTS

阅读说明 / 001

序一　林建华 / 001
让人文情怀和科学精神滋润心田

序二　许智宏 / 001
重视人文学科　高扬人文价值

人文素质在哪里？
——推介"人文社会科学是什么"丛书　乐黛云 / 001

|一| 哲学为何物（上）

1　"哲学是什么"的问题形式分析 / 004

2　哲学源于惊讶 / 017

3　哲学是人的存在的基本方式 / 028

4　人是能思想的存在 / 032

|二| 哲学为何物（下）

1　哲学探讨的首要目标乃是认识自我 / 045

2　哲学是美好生活的向导 / 068

3　哲学思考是最为自由的学术探讨 / 080

4　哲学就是爱智 / 098

三 哲学的问题

1 哲学问题兼具特殊性和共性 / 123

2 语言能准确地表达哲学问题吗？/ 131

3 哲学家究竟关注哪些问题 / 141

4 哲学问题的个案分析 / 151

5 哲学问题令人困惑 / 172

四 哲学的方法

1 怀疑方法 / 187

2 分析方法 / 211

3 归纳方法 / 238

4 智的直觉 / 254

五 哲学的价值

1 无用之为大用 / 279

2 哲学乃为境界之学 / 289

阅读书目 / 301

后记 / 303

编辑说明 / 307

哲学为何物(上)

  人只不过是一根苇草,是自然界最脆弱的东西;但他是一根能思想的苇草。用不着整个宇宙都拿起武器才能毁灭他;一口气、一滴水就足以致他死命了。然而,纵使宇宙毁灭了他,人却依然要比致他于死命的东西更高贵得多;因为他知道自己要死亡,以及宇宙对他所具有的优势,而宇宙对此却是一无所知。因而我们全部的尊严就在于思想。正是由于它而不是由于我们所无法填充的空间和时间,我们才必须提高自己。因此,我们要努力好好地思想;这就是道德原则。

——帕斯卡

《雅典学派》(拉斐尔,1508—1511,局部)

梵蒂冈的这幅宏伟壮丽的壁画,描绘了古希腊最负盛名的思想家们的群像。在正中央,柏拉图和亚里士多德并肩而站,在他们的左边,苏格拉底正在向一群旁观者发表演说,而画面正前方,赫拉克利特正托腮沉思。

"哲学是什么?"这是一个十分复杂和广阔的问题。不同的哲学家对之有不同的看法。更有甚者,有些看法似乎是截然相反、相互冲突的。因此企图给"哲学是什么"这样的宏阔问题一个人所公认的确切答案或明确定义是很不明智的,也是很危险的,因为这样的做法几乎是不可能的。我们的讨论不采取这种方法。但本书的主旨就是要回答"哲学是什么"这样一个仁者见仁智者见智的问题,所以我们不但不能回避这一问题,而且有义务向读者说明"哲学"究竟是个什么样的东西。如果我们没有能力给"哲学是什么"下一个明确的和公认的定义或给一个确切的答案,那么我们是否有可能给读者诸君指出一条能够说明哲学是什么的途径从而能够比较轻松地知道哲学到底是一个什么样的东西呢?这样的目标看起来似乎并不宏阔伟大,然而要真正实行起来也是旅途艰险,举步维艰,困难重重。但既然作者选择了这一难题,所以也不得不硬着头皮来啃这块硬骨头,试图寻找出能够用来说明"哲学是什么"的一条道路。其实,按其本质说来,哲学就是一条道路。我们都在上面行走,只不过我们不曾注意,不了解她究竟是什么。轮到要来问她究竟是什么,我们就感到莫大的困惑。然而希望总是会有的。因为如果一个问题很明确,且具有很明确的形式,那么寻找解决这一问题的好的方法或形式的可能也毫无疑问会是比较明确的。可以说,"哲学是什么"就是一个很明确的问题,具有一个明确的问题形式。她的答案可能就藏在这一问题的形式里。

1 "哲学是什么"的问题形式分析

这样的分析引导我们首先来了解"哲学是什么?"或"这是什么?"的问题形式。本书认为,"这是什么?""那是什么?"的问题形式本身首先就是哲学的,其次才是科学的。从对这样的问题形式的分析中,我们可以发现哲学与其他学科之间的联系,也同样可以发现哲学问题形式的特异之处。提出问题必须要有问题意识,要有惊讶或诧异的心态。问题的提出蕴涵着问题发问者的存在。"哲学是什么"的发问者只能是人,因为只有人才有思想。思想是人的本质属性。思想的一个重要特征是可以对思想进行思想。思想追求主体意识的突现、思想自身的自由和理想人格的挺立。对思想的反思就是在进行哲学的思考。哲学的主题是人。哲学思考源于人们想过美好生活的强烈愿望。**哲学就是指导人们生活的艺术或智慧。**

希腊神话中的智慧女神雅典娜。在希腊的众神谱系中,她是天父宙斯和聪慧女神的女儿。雅典娜继承了父母的全部优点,同时拥有威力和智慧。她一般以身披盔甲的战士形象出现,威风凛凛,英姿勃发。她是城市的保护神,是智慧和知识的化身。她还是希腊英雄的保护神,她常常帮助处于困境之中的希腊英雄。她的性格好斗但却公正,猫头鹰是她的象征。古希腊人对雅典娜有着特殊的感情,相传雅典城的名字就是由雅典娜而来。

要有美好的生活就必须寻找一个观照生活的超越的和无限的视点,这一视点就是哲学的智慧。下面我们就从上述的这几个方面来讨论"哲学是什么"这一问题。

如果把哲学看做一门学科,那么它显然是与经济学、历史学、伦理学、美学、宗教学、人类学、社会学、法学、教育学、政治学、心理学和文学等人文社会学科有区别的。哲学与自然科学各学科的区别则更为显著。它们各有自己研究的对象、自己研究的问题和自己研究的方法,即它们都有自己的研究领域。由于各学科之间有着鲜明的划界,因此在稍有文化修养的群体中,随意混淆它们之间区别的错误似乎并不容易出现。

当然,我们也应该清楚地看到,哲学与上述的人文社会学科及自然科学各学科之间又有着不容忽视的密切联系。这种联系就连文学家都看得很清楚。比如俄国作家契诃夫在其小说《赌采》中就论述过哲学与其他学科之间的紧密的联系:有一个很富有的年老的银行经理曾与一位年轻的律师辩论。辩论的主题是无期徒刑人道些还是死刑来得更人道些。经理指出,死刑似乎显得更为人道,因为犯人不会因长期的囚禁而遭受没完没了的痛苦。而律师却认为,无期徒刑更人道些,因为生总比死好,活着就是幸福。两人各执己见,争执不下,于是双方都同意运用打赌的方法来定输赢,以十五年为限。如果十五年过后,律师可以健康地活下来,那么他就算赢家,经理的财产届时便悉数归于律师;如果律师不能健康地活下来,那么经理就是赢家。根据协定,年轻的律师被禁闭在一间全封闭的小屋内,没有任何自由,但可以演奏乐器,可以阅读书籍。

第一年,律师在很烦躁的心情中以演奏乐器打发时日,但仍然感到很是无聊,生活空虚,精神贫乏。没有自由的日子实在不容易打发。于是他选择了书籍作为自己的精神伴侣。开始无书不读,阅读范围很杂,上自天文,下至地理。阅读范围涵盖了几乎所有的人文社会科学和自然科学的种种领域。阅读给他带来了无穷的乐趣,虽然身陷囹圄,心灵依然可以感受到无限的惬意和自由。他意识到,真正的自由不是外在的,而是内在的。人的躯体可以被外在的力量囚禁在有限的空间之内,但这却不妨碍人们依然享受精神的自由、思想的自由。随着时间的慢慢流失,他的阅读范围在发生着巨大的质的变化,即他在最后的几年中所阅读的全是关于哲学和神学的书籍。至此,他已经充分地认识到,哲学和神学是可以把几乎所有的学科联系起来的学问。只有在关于哲学和神学书籍的阅读和理解中,人才有可能达到最崇高的思想或精神境界,达到一种最为自由的境地。于是他的由于缺乏运动和营养而衰弱、瘦削、苍白的脸上逐渐地露出了安详、平和、悠然的神色,大有释迦牟尼当年在菩提树下悟道成佛的神采。他意识到,他打赌赢后应该得到的经理那份财产对于他已经没有任何意义,而且他也意识到,防止经理因财产的丧失而失去理智做出越轨的行为,拯救经理的灵魂使其免于犯罪,对于他本人而言也是义不容辞的神圣职责。于是,趁经理不注意的时候,他从窗口爬了出去,体面地结束了这场打赌。

契诃夫对哲学、神学与其他学科的关系的看法是通过文学的形式,而不是通过充分说理的方式表达出来。但我们不得不承认,这一看法是有其道理的。

但是,在知识分工的越来越细、学科的划分越来越琐碎、人们越来越注重实用理性和强调效率优先的今天,要来发现哲学与上述种种学科之间的联系并不是一件很容易的事情。你说,哲学与其他学科有着不可分割的联系,别人嘴上不说,但心里却在犯着嘀咕,并不心服。他们会认为你这样的看法十分牵强附会,只不过在想方设法地抬高哲学的地位。哲学有什么用呢？它不会帮我们有效地找到一份好的工作，更不会给人们带来实际的效益。所以哲学是无用之学，它不会给我们"烤面包"吃，所以远不如科学那么实用，能给人类以巨大的益处。在今天，科学在社会中已占据核心的地位，你难道没有听说过"科学技术是第一生产力"吗？哲学可算是生产力吗？它能算是第一生产力吗？不重视哲学并不影响我们的生活。但不重视科学的地位，那么你在这个世界中根本就不可能有立足之地。因此哲学和其他实用学科不可同日而语，它们之间又可能有什么紧密的联系呢？

其实，要说明哲学与其他学科的紧密联系的一个极其简单有效的方式就存在于我们这套"人文社会科学是什么"丛书之中。现在我们要问的是"哲学是什么""经济学是什么""人类学是什么""宗教学是什么"等等这样的问题。这种问句形式中的主语显然是不同的。这一不同反映着学科之间的质的差异。在此情形之下，我们绝对不可能用经济学科领域中的内容来回答"人类学是什么"或"宗教学是什么"等等问题。反之亦然。

但是这些学科是什么的问句，我们可以概括为如下的形式即"这是什么"或"那是什么"的问句形式。在这样的形式中，我们就可以比较容易地发现哲学与其他学科之间的联系了。这就是说，"人文社会科学是什么"可以完全用一种相同的问句形式表达出来。其实，不但人文社会科学如此，自然科学各学科也同样可以以这一问句形式来询问，如"自然科学是什么"。我们现在的任务就是要来分析这种问句形式的哲学含义。

我们现在先说些透支的话,即这种问句形式是哲学意义上的。这就是说当我们问"这是什么?"或"那是什么?"这样的问题而不管这些问题所涉及的具体内容时,这样的问题及其形式是哲学的。为什么呢?

因为这样的问题及其形式让我们很自然地想起了古希腊的第一位真正意义上的哲学家苏格拉底经常问别人的问题:"这是什么?——这是美""这是什么?——这是善""这是什么?——这是知识""这是什么?——这是勇敢""这是什么?——这是正义"等等。苏格拉底的哲学方法就是我们耳熟能详的"精神助产术"。

他在与人谈话的时候,惯于采用问答方法,双方一问一答,通过诘难,使对方陷于矛盾之中,逼迫其承认自身无知,然后逐渐地修正看法,最终导致真理。比如在《美诺篇》中,他问美诺,什么是美德?后者答道,男人的美德是什么,女人的美德又是什么,以至于儿童、青年和老人的美德是什么,如此等等。在听了美诺的回答后,苏格拉底说道,你所说的美德固然是美德,但那并不是我所要的美德,因为我所要求的美德是涵盖一切的带有普遍性的美德,即它能适用于一切人,而不仅仅是某一个具体人的美德。美诺回答道,这种美德就是支配别人,命令别人。苏格拉底不同意这种看法,反驳说,儿童和奴隶能够命令和支配别人吗?这就逼迫美诺不得不承认他自己关于美德所下的定义与具体的事例有矛盾。之后,苏格拉底又引导美诺找出许多具体的美德,如正义、勇敢、节制、智慧等等,并令其从中找到贯穿于这一切美德之中的一般的共同的美德。

苏格拉底所运用的**"精神助产术"**又可被称做归纳法,通过此种归纳法,我们可以寻求或得到概念的定义。亚里士多德曾经指出:"有两样东西完全可以归功于苏格拉底,这就是归纳论证和一般定义。这两样东西都是科学的出发点。"什么是定义的方法呢?比如我问你这样的一个问题,"人是什么?"你根据自己已有的知识,答道:"人是能够制造和利用工具的动物。"或者:"人是能够思想的

年老的尊者——苏格拉底的这幅壁画作于公元1世纪的罗马乡村,表明这位在世时为雅典所不容的思想家在罗马时代已经成为知识界的文化英雄,历史似乎总是喜欢开这样无情的玩笑。他确立了通过不断地质疑而获取真理的哲学方法;他为了捍卫自己的信念而慷慨赴死。这两点使他当之无愧地成为哲学家的群星中最璀璨的那一颗。

动物。"我们且不管这样回答的具体内容正确与否。这样的回答问题的方法就是在利用定义方法。通过这样的定义方法,我们能够揭示出被定义对象的本质或本质属性。

苏格拉底的学生柏拉图及以后的亚里士多德发展了苏格拉底的这种发问方式。于是,我们可以学着苏格拉底的方法,这样来问答。问:"这是什么?"答:"这是一棵树。"显然这样的答案肯定不会令老苏格拉底满意,但没有关系。我们可以学着他的方法,进一步地问道:"树是什么?"这就是在逼迫我们寻找一个能够普遍地适用于每一棵树的本质性的东西。我们找到这一具有普遍性的东西,苏格拉底当然会满意的。如果没有找到,也没有关系,因为我们可以接着找。在苏格拉底看来,寻找真理不是一件急于求成的事情。不管我们现在找着还是找不着,这一发问的方式就是哲学的。也正是在这一意义上,海德格尔指出,"随着现在所提的问题。我们已经接近于希腊的'这是什么'了。这是由苏格拉底、柏拉图、亚里士多德所发展出来的问题形式。例如他们问:这是什么——美?这是什么——知识?这是什么——自然?这是什么——运动?"按照海德格尔的理解,这样地发问方式就是希腊的,也就是哲学的。所以每当我们问"这是什么?"的时候,不管可能得到的具体内容是什么,我们可以说,这一发问形式是哲学的或希腊的。

是不是只有希腊人才这样地发问呢?

事实并不如此。孔子哲学思想的核心是"仁"。于是,我们也就相应地有了这样的问题,"仁是什么?"我们知道,孔子并不直接地回答这一问题。而是针对着不同学生的特点,给出不同的回答。如他答颜渊问仁,孔子道:"克己复礼为仁。一日克己复礼,天下归仁焉。为仁由己,而由乎人哉?"什么是仁呢?孔子认为,克制自己的种种欲望,使自己的言行都能符合周礼的要求,就是仁。古汉语表达方面的特点决定了中国古代的哲学家很少直接用"这是什么"或"那是什么"这样的发问方式。但中国古代哲学家提问或回答问题的方式间接采用类似于苏格拉底等人的方式。如果中国古代哲学家在表达自己的哲学思想时缺乏"一以贯之"的明确性,那么思想

孔子和他的弟子们。

前景是一些弟子在研习正典文献;后景中,另一些弟子在练习丝弦和使用礼器。

的交流根本是不可能的。总之,这样的发问肯定是哲学的,这应该是没有错的。

也正是在同样的意义上,海德格尔又进一步指出:"哲学这个词告诉我们,哲学是某种决定着希腊人的生存的东西。不止于此——哲学也决定着我们西方——欧洲历史的最内在的基本特征。"可以说,哲学是希腊人生存的最基本最原始的方式,当然也是欧洲人生存的最基本方式。不理解这一点,我们不可能真正懂得希腊的文化,也不可能真正地懂得西欧的文化。于是,海德格尔接着说,"西欧哲学"这一说法是同义反复。因为在他看来,说西欧或希腊便意味着哲学,说哲学也就意味着西欧或希腊。正因为如此,我们大可不必架床叠屋,说什么"西欧哲学"。

如果说"这是什么"或"那是什么"这一类的发问形式是哲学的,那么我们就能清楚地看出哲学与其他人文社会科学学科及自然科学的种种学科之间的紧密联系。我们问"这是什么"或"那是什么"这一类的问题,并且能给这些问题以明确的答案,那么某一学科的对象就明确,它的研究领域随之也就划定。结果就是,这一学科也就逐渐地脱离了哲学,获得了独立性。这样一些能够获得明确答案的学科被人们称之为科学。早在亚里士多德的时代,哲学包括物理学、逻辑学和伦理学,可以说在当时哲学几乎涵盖了知识的所有领域。但在往后的发展中,获得了确切答案的学科纷纷地独立于哲学。科学在历史中得到长足的发展,哲学的地盘却在不断缩小。恰如莎士比亚的名剧《李尔王》中的国王李尔王把自己所有的财产和

存在主义哲学的代表人物海德格尔——"我们自身是有待分析的存在。"

权力都分给了自己的两个不孝顺的女儿,到头来却穷得一无所有。不但穷,而且接连不断地遭受女儿、下人和仆从的奚落和冷眼。生活在贫穷、孤苦、绝望和愤怒之中的老年李尔王剩下的唯一可做的事就是在旷野里发泄心头的怒火。他绝望地喊道:

　　吹吧,风啊!胀破了你的脸颊,猛烈地吹吧!
　　你,瀑布一样的倾盆大雨,尽管倒泻下来,浸没了我们的尖塔,淹没了屋顶上的风标吧!
　　你,思想一样迅速的硫磺的电火,劈碎橡树的巨雷的先驱,烧焦了我的白发的头颅吧!

你,震撼一切的霹雳啊,把这生殖繁密的、饱满的地球击平了吧!打碎造物的模型,不要让一颗忘恩负义的人类种子遗留在世上。

尽管轰着吧!尽管吐你的火舌!尽管喷你的雨水吧!雨、风、雷、电,都不是我的女儿,我不责怪你们的无情;

我不曾给你们国土,不曾称你们为我的孩子,你们没有顺从我的义务;

所以,随你们的高兴,降下你们可怕的威力来吧!

我站在这儿,只是你们的奴隶,一个可怜的、衰弱的、无力的、遭人贱视的老头子。

李尔王晚年的悲惨处境确实有点类似于哲学在当今时代的境遇。当然,哲学并没有老年李尔王那样的可怜、衰弱、无力、遭人贱视。但哲学时时处处为科学所排挤,人们纷纷用科学的方法来理解和研究哲学,运用科学的标准来评价哲学。科学迅猛发展的同时,哲学却一再萎缩,拱手让出以前本当属于哲学的地盘。在技术教育成为学校教育的核心、工具理性和效率优先被人们视为评判思想、言行的标准的今天,哲学不为人们重视,遭冷落,不为人所理解,并不是咄咄怪事。更有甚者,绝大多数的人不知哲学为何物。根据海德格尔的理解,哲学孕育了其他种种的学科,是人类文明存在的最基本的方式。我们津津有味地享受着哲学给人类所带来的种种果实,却不知道哲学为何物。哲学在今天衰落式微到如此这般的地步,确实会令我们的先哲发出晚年李尔王般的愤怒而绝望的呼喊,"我生育了你们,如今你们却背叛了我,现在我是你们的奴隶,一个可怜的、衰弱的、无力的、遭人贱视的老头子。"

　　科学,不管是人文社会科学还是自然科学,它们的主要特征就是回答"这是什么?"或"那是什么?"这样的问题。它们就是由这样的问题及对这些问题的不同答案所构成的。而这样的发问形式又恰恰是哲学的。所以我们可以确定无疑地说,正是哲学的发问形式促成了科学的诞生。科学在西欧文化中诞生的历程说明了这一点。要不是哲学先行于各种不同的科学,那么科学也就根本不可能产生。如亚里士多德本人是一位哲学家,同时也是一个科学家。他的研究覆盖了几乎当时可能知道的所有知识领域。他撰写的著作据说多达千卷,其中有《诗学》《修辞学》《伦理学》《政治学》《物理学》《气象学》《论灵魂》《形而上学》及经济学方面的著作等。但亚里士多德首先是一位哲学家,其次才是一位科学家。作为一位哲学家,他具有强烈的探索精神和好奇的特性,他想知道在有关宇宙、社会和人生种种纷纭繁杂的现象背后的最为深层的一切奥秘。**哲学家的发问方式**使亚里士多德成为了一名百科全书式的学者。哲学家而同时兼是物理学家、数学家、生物学家或其他学科专家的学者在历史上并不少见,如莱布尼茨、笛卡儿、马赫、罗素、怀特海、石里克等。

亚里士多德最伟大的贡献,也涉及生物学和生理学。他的这些理论同样建立在细致观察事实的基础之上。这幅4世纪的壁画,被认为是他带着学生在上解剖课。

2　哲学源于惊讶

要能提出问题就必须要有强烈的问题意识。你是不是经常地提问题、思考问题？如果你能经常地提出些问题、思考问题,那么你离哲学也就不很遥远了。我们年轻的时候都听过这样的故事,说牛顿小时候曾在花园里玩耍,突然看到一个苹果从树上掉下来落到了地上。这一现象引起了牛顿的注意,他反复地思索,为什么苹果会从树上掉到地上? 其真正的原因是什么? 他后来有关万有引力定律的思想似乎与他早年的这一经历有关。

不管讲这一故事的人的用意如何,我们很难在苹果从树上掉到地上这一事实和万有引力定律之间架起一座具有必然性的桥梁。但这一故事有一点对我们而言是大有教益的。这就是,我们必须保有一份惊异、好奇、探索、敏感的鲜活心态。只有在这样的心态中,我们才能有强烈的问题意识,我们也才能提出问题。有了问题,才能对之加以思索、研究。

我们在自己的生活中也曾无数次地看到有什么东西从高处掉到地上。但我们对此并不感到惊异、好奇,因为这是在生活中经常会发生的事情。对此,我们也就不感到有什么可以使人惊奇的。这就叫做"习焉不察"。

惊讶、诧异对于哲学思考是非常重要的。柏拉图曾在《泰阿泰德篇》中如是说:"惊讶,这尤其是哲学家的一种情绪。除此之外,哲学没有别的开端,""这地地道道是哲学家的情绪,即惊讶,因为除此之外哲学没有别的决定性的起点。"可见,哲学起源于惊异这样的一种情绪。如果你对周遭的一切,熟视无睹,毫无兴趣,不但你本人不会对事物抱有什么惊异的情绪,就连对于其他人的惊异也会投以莫名惊诧的眼光:为什么这个人竟然对于这样毫无趣味的东西发生如此之大的兴趣,莫非他有什么病不成? 这样的反应还是无可深责的,因为他自己虽然没有惊异,但对于他人的惊异毕竟还表现出了自己的惊异。他的过错只是惊异的对象的转移,把对象搞错了。更有甚者,有的人对于他人的惊诧也不屑一顾。他们对于一切都是麻木不仁,不知痛痒。可以说,这样的人根本就没有哲学的根器。他也就与哲学无缘。如果你对哲学感到兴趣,那么你就必须对一切重大的事情保有惊讶好奇的状态。这样的状态或情绪会将你引进哲学的神圣殿堂。

当然,哲学家也不就是整天除处在惊异状态中出神之外无所事事的人。惊异并不等于哲学,惊异只不过是哲学活动的引线或动因。我们之所以对某物感到惊异,是我们不理解此物的性质及其价值,感觉莫名奇妙。正是这种惊异推动我们去探讨、研究我们在日常生活中随处可见的万事万物,使我们从无知过渡到有知。于是,亚里士多德这样说道:"古往今来人们开始哲理探索,都应起于对自然万物的惊异;他们先是惊异于种种迷惑的现象,逐渐积累一点一滴的解释,对一些较重大的问题,例如日月与星的运行以及宇宙之创生,做出说明。一个有所迷惑与惊异的人,每每惭愧自己的愚蠢无知(因此神话所编录的全是怪异,凡爱好神话的人也是爱好智慧的人);他们探索哲理的目的是为了想脱出愚蠢。显然他们为求知而从事学术,并无任何实用的目的。这个可由事实为之证明:这类学术研究的开始,都在人生的必需品以及使人快乐安适的种种事物几乎全都获得了以后。这样,显然,我们不为任何其他利益而寻找智慧;只因人本自由,为自己的生存而生存,不为别人的生存而生存,所以我们认取哲学为唯一的自由学术而深加探索,这正是为学

在拉斐尔的名画《雅典学派》的核心位置,年事已高的柏拉图和风华正茂的亚里士多德似乎正在激烈争论着。柏拉图一手指天,似乎是在表明理念只处于一个神圣的世界;而亚里士多德一手指地,似乎力图把哲学重新带回大地。

术自身而成立的唯一学术。"哲学的起源不是为了某种实用的目的,而只是起源于人对种种事物的迷惑和惊异。有迷惑和惊异,表明我们对于事物并不理解,于是我们就应该去探索自然、社会和人生的奥秘。可见,亚里士多德也如其师柏拉图,认为古往今来的人们都是通过惊讶而开始其哲学活动的,所以惊讶是哲学活动决定性的开端。由于受到惊讶的驱动,人们开始思考,开始了哲学的活动。

是的,只要你能够保有一颗鲜活敏感心灵,那么这个世界就到处充满着使你感到惊讶莫名的东西。人们都愿意趁良辰佳日外出郊游,同时如果你又有一副好的心情,你会感觉到这个世界是无限美妙的。宇宙间,花开花落,春生夏长,秋收冬藏,充满奥秘。不信?那么请你先看看紫罗兰吧!紫罗兰种子的荚有着十分精微的构造,当她干燥到一定的时候,种子荚突然裂开,成熟的种子便会向四处散开,随风飘向远处。而且紫罗兰永远不在灿烂的阳光下打开她的花瓣。你对此感到奇妙吗?如果感觉惊讶的话,你就自然而然地会追问下去,为什么呢?因为为了防止昆虫从其他花朵的花蕊中带来花粉造成异花受胎。于是,紫罗兰始终保持关闭自行受胎,在地里产生种子。我们都知道紫罗兰这一类的植物是没有意识的,但为什么在它们的成长过程中却充满着某种合目的性或十分巧妙的设计?是自然的规律使它们如此?抑或是造物的精心安排?如果是自然规律,那么自然规律本身又是怎么形成的?如果是造物主,那么问题就更为复杂。什么是造物主?如果把造物主理解为是有人格的神,有神论者认为有造物主,而无神论者则指出,世界上根本就没有什么神。如此等等,以至无穷。可见,只要你不断地追问下去,问题就会层出不穷,永无终止。

有人喜欢热闹,有人偏喜欢闲静。有人喜欢群处,而有人却向往独居。如果你独居室内一隅,览书品茗,或者徘徊思索人生的意义究竟何在,那么问题似乎更复杂、更有挑战性。人生意义的载体当然是人了。似乎"我是人"是一个不用思索、用不着讨论的事实。这样的想法就是习焉不察、熟视无睹的自然结果。因为这一命题远不是看上去那么简单。我是什么?"我是什么"中的"我"又是什么?是精神的、思维的或思想的我,抑或仅仅是生理学意义上有着一副皮囊的我?我是人,那么我从哪里来,又要往哪里去?我是人,那么人又是什么?我们经常觉得人了不起。但"我"仅仅是广阔无垠的银河中一颗微不足道的星体上的一点微尘。银河中有无数的星系,从一个星系到另一个星系,如果以光的速度行走的话,那么需要20万年。我们要知道光速是每秒30万公里。人的奔跑速度的极限是每秒10米。地球的存在已有几百万年的历史,至于宇宙存在的时间则是无限的。而个人生存的可能的极限只不过是一百年。可见,人在历史的长河中也不过是昙花一现,转瞬即逝。由此可以想见,在浩瀚无垠的银河中,无论在空间和时间方面,"我"是多么的渺小,微不足道。如果真是这样的话,那么人生的意义又何在呢?如果"我"仅仅是指有着六尺皮囊的躯体,那么人生确实是毫无意义和价值的。

好在"我"或人不仅仅是生理意义上的,也是思想、精神维度上的存在。如果从这一维度着眼,"我"或人生又具有什么样的意义呢?法国科学家和思想家帕斯卡说得好:是思想,而并不是肉体形成人的伟大,"我应该追求自己的尊严,绝不是求之于空间,而是求之于自己思想的规定。我占有多少土地都不会有用;由于空间,宇宙便囊括了我并吞没了我,有如一个质点;由于思想,我却囊括了宇宙。"与无限的宇宙相比,人的躯体微不足道、异常地渺小。但是由于人有思想,思想是没有界限的,物理的宇宙尽管广阔无垠,但似乎并不是无限的,而人的思想的空间时间却真正是无限的。因此人作为一个生物体为宇宙所包围,但人作为思想的存在却包围着宇宙,超越了宇宙。人比宇宙更为伟大、崇高。我们有充分的理由感觉自己的伟大和了不起。

如果你对某种新鲜的事物表现出了惊讶这种情绪,那就表明你还具有一颗很年轻的心灵。

惊讶的情绪在人的不同的年龄段有着不同的表现。刚刚出生的孩子对这个充满着神秘的世界一无所知,所以他们对任何事情都会毫无例外地自然地流露出好奇、莫名惊诧的神态。凡事他都要问一个为什么。随着年龄的增长,这种惊讶、好奇的情绪逐渐地减弱,以至于到了老年,人就会对什么事物都漠不关心,好像对什么都"不动心"。对于个人来说,这种"不动心"状态的出现标志着人的走向衰老;而对于人类来讲,这种"不动心"状态的出现就意味着人类的消沉和没落。

拉斐尔《雅典学派》的另一处细部：左侧的毕达哥拉斯在一本书上写着什么，而恩培多克勒和阿维罗伊从他的肩膀看下去，意欲了解他在写什么。哲学家都是充满了好奇心的人。

但在哲学领域中,惊讶却采取了另一种截然不同的形式。一旦哲学发展起来后,作为推动力的惊讶会不会成为多余的,因而就会消失呢?不会的。哲学固然起源于惊讶,而哲学活动本身也是保有惊讶的最好的活动和场所。但在哲学的思考中,惊讶作为一种人的内在的情绪始终处在一种激活的状态之中。哲学活动的每一个步骤或阶段都充满着种种的问题或迷惑,因此要求哲学家在思想的每一个阶段都保有惊讶的情绪。没有惊讶的心理状态,你就发现不了新的东西,你也就将永远生活在一个没有变化、没有发展、毫无新意的世界之中。这正是在阳光底下没有什么新鲜的事物。

可见,惊讶是哲学活动的开端和动力,也是哲学进一步发展的动力。

我们应该让惊讶这种情绪激活我们的生活、我们的思想,从而激活人类的历史。我们时下谈的较多的一个话题就是创新的问题。其实,在我们看来,人的惊讶的情绪便是创新意识的温床。试想一下,如果没有了惊讶这样的情绪,对于一切熟视无睹,习焉不察,严格按照一切既定的现成模式生活、繁衍,我们还可能具有什么创新精神呢?果真如此,也就没有什么历史的发展和思想的进步,因为所有的一切都是简单的重复。幸亏,人类始终没有丧失自己的惊讶或好奇的探索的本性。惊讶或惊异或好奇的情绪能够激活或刺激我们的创新意识。

人们惊讶于大自然的奥秘、惊讶于自身的奥秘,于是立志要探索隐蔽蕴涵在自然和人思想深处的秘密。

当然，这种探索活动绝对不可能是一蹴而就的，它本身是一个漫长持久的过程。要使这一漫长的探索过程富有成效，我们就必须始终保有惊讶的情绪和坚忍的意志。

读者可能都读过王安石的脍炙人口的著名游记《游褒禅山记》。此文记叙的就是人们探索自然奥秘的奇伟经历和心得体会。它告诉我们，只有那些怀有强烈的好奇心、意志坚定、不避旅途艰难困苦并且有足够体力的游人才能登高望远、揽胜窥幽，充分领略自然的奥秘。正所谓"入之愈深，其进愈难，而其见愈奇"。然常人不容易窥见自然的真正奥秘是因为他们没有坚强的意志，更为重要的是他们没有探奇窥幽的激情和勇气，浅尝辄止。于是王安石感叹道："古人之观于天地山川、草木虫鱼鸟兽，往往有得，以其求思之深而不在也。夫夷以近，则游者众；险以远，则至者少。而世之奇伟瑰怪非常之观，常在于险远，而人之所罕至焉。故非有志者不能至也。有志矣，不随以止也，然力不足者，亦不能至也。有志与力，而又不随以怠，至于幽暗昏惑，而无物以相之，亦不能至也。"其实，对于大自然的奥秘始终抱有惊讶的情绪，从其本质讲，就是追求真理的勇气。而探索自然奥秘的过程同时也是探索人自己的思想的过程，因为探索的主体是人。

人相信自己有力量揭示自然最深处的奥秘就是人对自己的精神力量的一种信仰。因此追求真理的勇气和对于精神力量的信仰是研究哲学的第一个条件。人既然是精神的，则他必须而且应该自视为配得上最高尚的东西，切不可低估或小视他本身精神的伟大和

《坐在顶峰的灵魂》(弗尔德里克·雷顿,19世纪末)

在雷顿男爵的作品中,象征人类灵魂的普赛克孤独地坐在寒冷的高峰上,孤独无依,茕茕孑立。

力量。人有了这样的信心，就没有什么东西会坚硬顽固到不对他展开。那最初隐蔽蕴涵着的宇宙本质，并没有力量可以抵抗求知的勇气，它必然会向勇毅的求知者揭开它的秘密，而将它的财富和宝藏公开给他，让他享受(黑格尔语)。

3　哲学是人的存在的基本方式

有"这是什么？"或"那是什么？"这样的问题，也就必然有发问者。这样的问题设定了发问者必定存在。因为发问者不存在，就不会有此类问题。其中的道理不用深思，就显而易见。而且发问者必定逻辑地先于这些问题。没有发问者就没有问题。当我们问："经济学是什么？""人类学是什么？""宗教学是什么？"等等问题的时候，发问者是站在问题本身之外，或者说是站在问题之上的，是外在于问题本身的。具体说来就是，如果发问者是我们，我们为一方，所问的问题成为另一方。我们想知道对象是什么，就得要问"这是什么？"或"那是什么？"。问完了问题，我们也就当然想知道问题的答案是什么。

然而当我们想问"哲学是什么？"这样的问题的时候，问题的性质发生了根本性的变化。从形式上看，这一问题如同其他问题一样，是哲学的。但其他的问题"经济学是什么？"、"人类学是什么？"等涉及的仅仅是社会现象的某一个方面。如经济学讨论的是社会中与经济现象有关的方面,而不涉及其他的方面。"哲学是什么?"则不同,由于哲学所涉及的是最为普遍、最为基本的问题。因此这一问题形式也就赋有了新的特点。

有关"哲学是什么"的问题所能得到的答案都不可能是确切、明晰的,因为答案是确切明晰的话,它也就离开了哲学,进入了科学。

由于哲学所讨论对象或问题的性质的普遍性,因此"哲学是什么?"这一问题形式就不可能像"经济学是什么?"等问题那样,有发问者为一方和问题及其答案为另一方的区分。我们还是要以苏格拉底为例来说明这一点。如果你没有忘记的话,在《美诺篇》中,苏格拉底与美诺讨论什么是美德。美诺回答说,男人的美德是什么样的,女人的美德是什么样的,还有老年人的美德是什么样的,等等。苏格拉底听了美诺的回答后说,你所说的美德并不是我所要求的美德。因为我所要求的美德,不是这样的具体的美德,而是应该具有涵盖一切的具有普遍性的美德,这样的美德应该是适应于一切人,而不仅仅是某一个人。在这一事例中,讨论问题的人是苏格拉底和美诺两人,他们显然是属于发问者的一方。而"美德是什么?"及其所给的答案则是属于问题一方。但在讨论或回答"哲学是什么?"问题时,并不存在这样的本质性的差异。因为苏格拉底认为,他所寻求的美德应该是适用于一切人。既然是适用于一切人,那么当然也就必然包括苏格拉底和美诺在内的。把他们两人排除在外的关于"什么是美德?"的定义必然缺乏普遍性。如果他们所讨论的美德也适用于苏格拉底和美诺本人,那么讨论者本身也就进入了讨论的范围。于是,发问者和问题的区别也就消失了。发问者不在"哲学是什么?"这样问题之外或之上。这样就出现了一个很奇怪的现象,一方面我们作为发问者在探讨作为对象的哲学究竟是什么,另一方面作为发问者我们自己又必须进入正在探讨的对象之中,自己成了讨论者同时又成为了讨论的对象。正是通过这种方式,哲学家进入自己的哲学之中,进入自己所正在讨论的哲学问题之中。

总结以上的讨论,我们看到,"哲学是什么?"探讨的主题显然就是哲学的;这一问题的探讨方式,即询问"什么"或"为什么?"的方式是哲学的,按照海德格尔的说法,是典型的希腊的或西方的;哲学问题本身的普遍性,探讨者本人不能自外于哲学的领域。所以结论就是:与其他的学科截然不同,哲学所探讨的东西是与我们本身休戚相关的,人或人的生命的本质就是哲学的,哲学在我们的生命最深处拨动着我们心灵之弦。或者说,哲学就存在于我们自身之内。或者更进一步说,人的存在就是哲学性的。海德格尔如此看。

中国现代著名哲学家冯友兰也是这样看的。他认为,哲学就是对于人生的有系统的反思的思想。哲学的功用就在于使人成其为人。在这个意义上,我们简直可以说,哲学就是仁学或人学。他说:"在未来的世界,人类将要以哲学代宗教。这是与中国传统相结合的。人不一定应当是宗教的,但是他一定应当是哲学的。他一旦是哲学的,他也就有了正是宗教的洪福。"他的结论就是,人是哲学的,或者说哲学是人的本质。你不学其他的学科如化学、数学、物理学、语言学、人类学等等,充其量也就是你不能成为化学家、数学家、物理学家、语言学家、人类学家等等。但如果你不懂哲学,不学哲学,那么你可能对什么是人的本质属性这一问题不会有深切的了解。你也就可能在实际上很难得到苏格拉底意义上的"经过审视的"真正有价值、有意义的生活。不懂得哲学,你可能不会懂得什么才是真正的人。

《盲人》(勃鲁盖尔,16世纪)

没有经过哲学意义上的反思的人生是盲目的,就像勃鲁盖尔画作中在一团漆黑里寻找前路的瞎子,最终掉在了陷坑里。人生迷雾重重,需要哲学之光的烛照,才能找到正确的方向。

4　人是能思想的存在

现在还是让我们再一次地回到"哲学是什么?"这一问题上来。我们分析了"这是什么?"或"那是什么?"这样的问句形式的哲学含义,也指出了"哲学是什么?"问题的特殊性质。然而直到现在,我们还没有讨论一个似乎更为重要的问题。我们都能理解,有问题必定有问题者。我们问"哲学是什么?""经济学是什么?"等等问题。现在我们必须进一步问是"谁"在问"哲学是什么?""经济学是什么?"这样的问题的。其实,这是一个极其简单的问题,它的答案也应该是十分明确,即提出所有上述问题的只能是人,而不能是别的什么动物。为什么只有人能够提出这样的问题,而其他的动物不能呢?这样的问题涉及到人与其他动物的本质区别。那么人的本质属性是什么呢?历史唯物主义告诉我们,人与动物的真正的区别在于,人能够制造和利用工具。这样的看法无疑是正确的,是有历史的根据的。在这里需要补充的是,第一,人类学、动物学的研究告诉我们,其他的高级动物似乎也具有较低程度的制造工具和利用工具的能力;第二,最低程度的制造工具和利用工具的能力似乎是出于本能,而人类能够制造工具和利用工具的能力却不是出于本能,而是由于他们具有别的动物不具有的一种能力,即人是有理性的动物,他能够思想。由于有思想,所以人能够筹划,能够设计,能够根据自己的需要自觉地利用或改变现成的自然资源来满足自己的种种愿望。由于有思想,人也就具有了目的、理想。要实现自己的目的和理想,就必须有手段,而且还要能够合理地计算到底在多大的程度上使用什么样的手段才能实现目的和理想而绝没有负面效应。这种思考的自然结果就是知识的出现。目的与知识的结合使人类获得了巨大的力量。知识以几何级数迅速递增与膨胀。知识的增长使人的目的变得极为复杂。更为危险的是,由于知识总是能够满足人们的欲望,所以使人的欲望无限制地膨胀,人的力量也因此变得越来越巨大。在自然面前,人确实极其渺小,但由于有了思想的帮助,渺小的人类却有改造伟大的自然的能力。在这后一种意义上,人类似乎要比自然来得伟大。这正如帕斯卡所说的那样,思想使人变得伟大,思想使人把宇宙囊括进了自己的视野。他说:"人只不过是一根苇草,是自然界最脆弱的东西;但他是一根能思想的苇草。用不着整个宇宙都拿起武器才能毁灭他;一口气、一滴水就足以致他死命了。然而,纵使宇宙毁灭了他,人却依然要比致他于死命的东西更高贵得多;因为他知道自己要死亡,以及宇宙对他所具有的优势,而宇宙对此却是一无所知。因而我们全部的尊严就在于思想。正是由于它而不是由于我们所无法填充的空间和时间,我们才必须提高自己。因此,我们要努力好好地思想;这就是道德原则。"

经过上面的分析,我们可以清楚地看到,使人与动物真正区别开来的分界是人有思想,而动物则没有。人之为人是因为我们有思

帕斯卡（Pascal，Blaise 1623年6月—1662年8月），法国数学家、物理学家、笃信宗教的哲学家和散文大师。他建立的直觉主义原理对于后来一些哲学家如卢梭、柏格森和存在主义者都有影响。

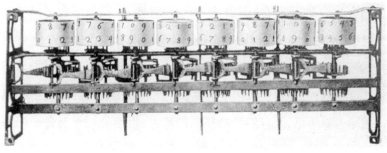

帕斯卡年轻时代发明的计算器，目的是为了减轻他担任诺曼底税务官的父亲的工作负荷。

想,思想是自然园地中盛开的最美丽的花朵。因此不能善待自己的思想,维护自己的思想,丰富和发展自己的思想,人就不成其为人了,就会丧失人的本性。思想是只有人才具有的特性。有了思想,人也就考虑人生的意义和价值。你说,人生是悲观的,或者说是乐观的,这都是人的思想思考的结果。如果没有思想,当然人生也就无所谓意义和价值。那么人和其他的动物如黄蜂、蚂蚁、苍蝇还有什么区别呢?

人有思想,因此人也就具有了根据自己的思想进行创造的要求。思想凝结在物质产品中便形成文化。动物不可能形成自己的文化。由于人有思想,所以人才可能了解无限宇宙中的万事万物。宇宙中有人和没有人有着巨大的不同。宇宙间如果没有鸟或蜂蚁,只不过是没有鸟或蜂蚁而已,对于宇宙本身不会有什么影响。但如没有了人,那么宇宙就会变得一团漆黑。文化是人的文化,是有了人后才有的。所以没有了人,那么宇宙间也就不可能有文化。正因为如此,冯友兰说道:"宇宙间若没有鸟或蜂蚁,不过是没有鸟或蜂蚁。但宇宙间若没有人,则宇宙间即没有解,没有觉,至少是没有较高程度的觉解。……宇宙间若没有人,则宇宙只是一个混沌。朱子引某人诗云,'天不生仲尼,万古常如夜。'此以孔子为人的代表,即所谓'人之至者'。我们可以说,天若不生人,万古常如夜。所以我们说,有人底宇宙与无人底宇宙是有重大底不同。……宇宙间底事物,本是无意义底,但有了觉解,则即有意义了。"

冯友兰说得很对,如果宇宙间没有人,那么它就只是一片混沌,漆黑一团。但人有思想,能够思维,具有抽象概括、归纳演绎、分析综合、直觉想象、论证推导等方面的能力,能够做归类、区分等工作,因此人能够对宇宙做斫破黑暗、开辟混沌的伟大的工作,能够"判天地之美,析万物之理""究天人之际,通古今之变"。这正如王阳明所说的那样,"我的灵明便是天地鬼神的主宰。天没有我的灵明,谁去仰他高?地没有我的灵明,谁去俯他深?"阳明此处所说的"灵明"即是指思想所具有的感知和认识的能力。人有思想,思想具有认识的能力以形成各种不同的概念,因此我们才能感觉到天的崇高伟大,山谷的幽深曲折。人有思想,因此他也就具有了形成知识的能力。

我们在前面说过,思想和知识的结合使人具有了无穷的力量。知识的快速增长使人的思想不断丰富,使人想了解自然、社会和人生的愿望变得更加迫切。日月星辰升起落下周而复始、山川大地迁移变化、花草树木一岁一枯荣,这其中的原因是什么,它们背后是不是有一种超自然的力量在主宰着芸芸万物的生长变迁?如果有这

王阳明,明代著名的思想家、文学家、哲学家和军事家,陆王心学之集大成者;其学术思想传至中国、日本、朝鲜半岛以及东南亚,成就冠绝有明一代,弟子极众,世称姚江学派。

样的造物的话,那么这样的造物又是从何而来的?思想迫使人急于去寻求主宰宇宙万物的"第一原理和第一原因"。社会的发展显然又具有不同于自然的性质和规律,那么历史上朝代更迭的背后的原因和规律又是什么呢?当然人生的意义和价值的问题更是人探讨的重要问题。人是什么?他从哪里来?又要到哪里去?达尔文说人是宇宙进化的产物,是从类人猿长期演化而来的。而基督教《圣经》则说,人是上帝按自己的模样创造出来的。哪一种说法更有道理?人生的意义和价值是什么?如果说人是上帝创造的,上帝是不会不善的,那么为什么人间却充满了种种恶行、万般苦难?当然人间自有真情在,但善人却很难做。以至于有的作家把恶比做巨人,把善比做是小人和弱者,只有在恶这个巨人休息的时候,善才有活动的场所。那么这又是由于什么原因呢?你说人生是幸福的,为什么在人的短暂的一生中幸福微乎其微,而苦难、疾病、烦恼却长相伴随不离左右?我们因为精神的焦虑、信仰的缺失、人生的危机、意义的失落和人与人的关系的疏离而感到焦虑不安。

于是,问题就是,我们到底该怎么样才能发现生命的意义,使人生得到最大的幸福,使人变得崇高起来呢?

在你的人生旅途中,这些问题经常浮现在你的脑海之中吗?你可能并不经常思考上述的所有问题(话讲回来,上面所列的问题也只不过是人类所曾经思考过的问题中的一小部分而已),但可以肯定的是其中的一些问题也是你经常要思考的。特别是当你还正在人生的旅途上拼搏、奋斗、摸爬滚打时,这些问题是一定长相伴随你的左右。老实说,这些问题就是哲学问题。

如果你考虑过这些问题,又试图给这些问题寻找答案的话,你已经在做哲学的思考了。如果由于学业的劳累、生活的艰辛,你可能还未曾思考过这些问题的话,这并不表明你没有哲学的根器和慧眼,与哲学无缘。只不过这些哲学问题还潜伏在你的思想海洋的深处。你所需要做的,就是在学习劳作之暇、茶余饭后,静下心来思考自己生活或社会中经常遇到的种种问题,努力寻找这些问题的可能的答案。如果在这样的思考中你有困惑和不解之处,也没有问题,因为困惑和不解往往会引导我们走向思想的旅途。在这样思考之后,你应该经常阅读些简明的哲学读物,看看历史上的哲学家在遇到这样相似的问题时是做怎样的思考的,他们是怎样来分析和研究这些问题的。久而久之,你就会逐渐地进入哲学之门。哲学离我们并不遥远。从本质上说,我们就是哲学的,哲学是我们的灵魂。可惜的是,很多人并不意识到这一点。如果你有空,请你一定要读19世纪俄国伟大的作家陀思妥耶夫斯基一生中最后的一部长篇巨著《卡拉马佐夫兄弟》。书中有一个叫做米蒂亚的青年,他的生活不但不能说是富裕的,而且应该说是艰辛的。但他有他自己的思想追求,这就是他"不求荣华富贵,只求给自己的疑问找到答案的那些人中的一个"。为什么我们必须要有上帝,为什么必须要有伦理学等等就是米蒂亚与其同伴经常地讨论的问题。人之为人者决定了我们必须要有思想上的追求。**思想是人的本质规定和存在方式。**

人有思想,这是人的伟大之处。不错,思想能给人带来乐趣和

一　哲学为何物(上)　039

罗丹的名作《思想者》刻画了一个陷入沉思中的孤独的思想者的形象。从某种意义上，这一杰作揭示了人类的根本处境：人是具有反思能力和自我意识的动物，思想是人的本质规定和存在方式。

幸福，但它同样也能给人带来巨大的痛苦、烦恼、不安、焦虑……，甚至逼迫人走向死亡之路。思想把一种叫做人的动物与其他的动物区别开来了。因此使人能够感觉到幸福，也同样体验到了痛苦和不幸。即便人在大部分的时间里感受到了不必要的痛苦和烦恼，但他还是要比动物幸福得多。正因为有痛苦，你才能感觉到什么是真正的幸福。没有了痛苦的感受，你随之失去的就是幸福的快感。痛苦和幸福是相伴随而行的。只有痛苦和人生的悲剧才能强有力地告诉我们一定要珍惜自己的幸福生活。莎士比亚创作的《哈姆雷特》是一出悲剧。剧中的哈姆雷特的生活是一出悲剧，但他的生活的悲剧却启迪着我们一种对生活的真正的理解。悲剧把人生有价值的东西粉碎给人看。哈姆雷特的生活是悲剧。我们看完后也深深地感受到了生活中悲剧可能带给人们的痛苦，所以我们应该追求幸福的生活。我们能够感受到痛苦，这也是我们的幸福。动物是很可怜的，因为它们没有思想，所以它们没有痛苦，随之它们也就不能享受到只有人才能真正享受到的幸福。据说希腊晚期的一位哲学家叫做皮浪的，有一次在海上遇着大的风浪，人们都很惊慌失措，不知如何是好。这时，皮浪指着一头依然麻木不仁继续吃食的猪对同船慌乱的人说，哲人也应当像这头猪那样不动心。人知道遇到大风浪可能发生的后果，因为人有思想。猪没有思想，猪也就当然不知道大风浪可能会产生什么样的后果。问题在于皮浪要人向猪学习，学习它的不动心。这显然是不正确的。他没有看到人与猪之间的本质区别。正像没有思想的存在不可能转变为有思想的存在一样，有思想的人也无必要学习猪的那种"不动心"。因为人自有自己的达到"不动心"境界超越的途径,决不是猪的那种麻木不仁的混沌的状态所能相比的。人的"不动心"是通过哲学智慧而后才得到的。哲学的思考有时能够给你带来幸福,也可能会给你带来巨大的痛苦。但不管怎么样,哲学是你思想中的一片净土,你经常会在其中发现乐趣。

　　人的伟大是因为人有自己的思想。动物则没有自己的思想。但并不是每一个人都认真地对待和重视自己的思想,其实我们在生活中所遇到的很大一部分人并不善待自己的思想。只有那些珍惜自己思想的人才会注意汲取思想的养料,仔细地培植、丰富和发展自己的思想,随时在自己的思想园地中检讨种种思想问题。这些人是有望成为哲学家或哲学工作者的。因为对思想进行检查和思考的方式,用哲学的术语说就是在进行反思。或者说,在思想中思想,在以自己为对象来进行思考。**思想的反思**也叫做精神的反思。思想的反思或精神的反思就是思想的自觉或精神的自觉。能够进行思想的反思或精神的反思的人就能达到一种新的境界,获得思想的自由和幸福。对于他们而言,幸福是真正意义上的幸福,因为他们知道为什么他们能够得到幸福,知道他们的幸福源自何处。他们不但能够得到幸福,而且也能把持住幸福。对他们而言幸福不是转瞬即逝的电光火花,而是长流不息的河流。他们能够得到巨大的幸福也是因为他们能够将痛苦转化为幸福,知道如何摆脱痛苦,铲除痛苦的根源。正因为如此,他们也就是真正自由的人。

哲学为何物(下)

认识自我乃是哲学探究的最高目标——这看来是众所公认的。在各种不同哲学流派之间的一切争论中,这个目标始终未被改变和动摇过,它已被证明是阿基米德点,是一切思潮的牢固而不可动摇的中心。

——卡西尔

乔尔乔内的作品《三个哲学家》。右边的人物为亚里士多德,中间的为托勒密(或阿维罗伊),左边的是雷格蒙塔努斯;在文艺复兴画家的笔下,几位不同时代的哲学家跨越时空汇聚到一起,其纪念碑式的理想化意涵不言而喻。

1　哲学探讨的首要目标乃是认识自我

人是思想的存在。人要能够成为真正思想自由的人，他就必须要进行哲学的思考。亚里士多德指出，哲学为唯一自由的学术探索。于是，人思索头上星空出没的规律，探索脚下大地运行的奥秘。当然关于人本身的种种现象也在哲学思考的范围之内。由于对天地的考察是从人这一视角做出的，所以对人自身了解的程度也就决定了我们对外在的世界的研究的深度。可见，**哲学思考的焦点就应该是人本身**。

这一点早为卡西尔所正确地指出过。他在其名著《人论》第一章概述两千多年西方哲学思想关于人的各种哲学理论时，首先指出：

恩斯特·卡西尔（Ernst Cassirer, 1874年7月—1945年4月），德国哲学家。被誉为"当代哲学界中最德高望重的人物之一，现今思想界具有百科全书知识的一位学者"。

认识自我乃是哲学探究的最高目标——这看来是众所公认的。在各种不同的哲学流派之间的一切争论中，这个目标始终未被改变和动摇过，它已被证明是阿基米德点，是一切思潮的牢固而不可动摇的中心。

在这里，卡西尔点出了西方哲学传统的真正精神之所在。哲学思考的出发点是自我，其终极目标仍然是自我。他的这一看法应该说是正确的，富有启发意义。

对自我的认识可以有两条途径，一为直接地面对自我，一为间接地面对自我。一切直接地面对自我的哲学思考都直接地讨论涉及自我的种种性质。而自然哲学和神学的直接对象虽然分别是自然和上帝,但是其真正的旨意仍然在人,仍然在人的本质的自我认识。因为对于人而言,自然是人居住的环境,人对自然的认识曲折地反映出了人对自我的认识。而对上帝的崇敬其实是人对人自身的崇敬。宗教起源于人的本质、人的需要。宗教是,而且只能是人对自己本质的意识。我们在对自然的认识里,在对宗教的认识中,可以窥见人本身的种种秘密。人并不是孤立的存在,人与人、人与自然被各种各样看不见的纽带紧密地联系在一起。因此单纯而又直接地面对自我,我们或许并不能完成认识自我、实现自我这一神圣的任务。我们必须在直接地面对自我的同时,还必须把我们的目光指向天上,投向外在的自然,因为我们在天上、我们在自然里所寻找的并不是那直接的自然现象和上帝救赎的种种奇迹,而毋宁说我们所真正寻找的乃是对我们自己的倒影和人的世界的秩序。对自我的直接的认识与对自然、对上帝的认识是同步的。人的自我生活在精神的三维空间中。必须同时从精神的三维上作向内、向外和向上的探索和寻找,我们才有可能找到真正的自我。人的自我乃是在人与人、人与自然、人与上帝之间的关系中的实现。真正的哲学活动始终应该是以人为中心的。

翻开任何一本西方哲学史的教科书,我们都会看到,泰勒斯是西方哲学史上的第一位哲学家,他的哲学思想是西方哲学的源头。据说,泰勒斯曾在埃及学习过天文和数学,他根据几何学测量过金字塔的高度,并曾经预言过日蚀,幸运的是日蚀果然在他预言的那一天发生了。这一天是公元前585年5月28日。后来的人们就把

前苏格拉底时期的哲学家——米利都的泰勒斯

这一天看做是古希腊哲学诞生日。泰勒斯是一个十分聪明的人,据亚里士多德说,有一次他看好了当年的橄榄收成,于是下定决心买下了所有的榨油机高价出租,结果大大地捞了一笔钱。当然这只不过是泰勒斯学术之外的商务活动,这表明哲学家能够进行抽象的思辨,也能成功地从事实际的事务并大获成功。泰勒斯哲学思考的核心问题是天文和数学。柏拉图曾说,泰勒斯曾经全神贯注地观察星象,脸朝上而压根儿没有注意脚底下有什么东西,结果不小心掉进了井里。于是,当时特拉克地方的一位聪明而又幽默的姑娘嘲笑他说,他想知道天上有什么,却没有搞清楚他前方和脚下有什么。姑娘的嘲笑深刻而又形象地揭示出了泰勒斯"蔽于天而不见人"的思想特色,只注意天上有什么东西,而不留心身边或自己有些什么。

赫拉克利特认为,火为万物的始基,万物始于火,最终又要回到火。因此世界在"过去、现在和未来永远是一团永恒的活火,在一定的分寸上燃烧,在一定的分寸上熄灭"。据此,我们会很自然地把赫拉克利特归属于"古代自然哲学家"的行列之中。然而这样的看法并不能正确地刻画出赫拉克利特的哲学思想所具有的革命性质。因为正是他率先在古希腊的哲学史上强烈地提出了"寻找自我"的思想。他确信,不先研究人自身的秘密,而要想洞察自然的秘密是根本不可能的。因此他认为,如果要把握实在并理解它的意义,我

《雅典学派》里沉思的赫拉克利特。拉斐尔笔下的这副哲学家沉思默想的姿态为西方视觉艺术系统中思想者的形象奠定了根基。"人是什么?""应该如何生活?"……对这些爱智者们来说,诸如此类的哲学的根本命题也许永远没有唯一的答案,却永远值得去思考和探寻。

苏格拉底像

们就必须把反省自我的要求付诸实践。可以这样来概括他的全部哲学思想,即"我已经寻找过我自己"。所以"寻找自我"的思想才能最为准确地揭示出赫拉克利特哲学思想不同于他之前的毕达哥拉斯的数学哲学和爱利亚派逻辑哲学的崭新思想面貌。这是人类自我意识的最初的自觉的觉醒,它标志着古希腊哲学思想的转型,即从以自然哲学为中心的哲学思考逐渐地转向以自我为中心的哲学思考。但我们也必须看到,赫拉克利特的"寻找自我"的思想还是相当朴素、十分简单的,他本人仍然还是站立在宇宙学思想与人类学思想的分界线上。紧接着赫拉克利特,普罗泰戈拉提出了"人是万物的尺度"的思想。然而只有在苏格拉底的哲学思想中,赫拉克利特的"寻找自我"的思想才得到了充分表述的机会。

西塞罗曾经这样说过,是苏格拉底把哲学从天上拉回到了人间。这就是说,苏格拉底哲学思想关注的中心不是天,而是人自身。苏格拉底确认,研究自然我们会毫无所得,因为这是干涉神的事,是渎神。所以他反复教导人们放弃对自然的研究,而转过头来研究自己,研究自己的心灵。他宣称,人的主要任务是"回归自己的心灵"

《苏格拉底之死》。在法国画家大卫完成于1787年的这幅名画中,即将喝毒药赴死的苏格拉底手指天空,认为那是他最终的归宿。"我去死,而你们继续活着。哪个结局更好,只有神才知道。"苏格拉底意义上的"经过审视的"真正有价值有意义的生活,恰是他生命旅程的真实写照。

"认识你自己"。他指出，**哲学的任务就是去指导如何过一种有意义的生活**。他指出，一种未经审视的生活，还不如没有的好。正是在这样的思想的观照之下，苏格拉底喊出了"认识你自己"这一响亮的思想口号。这一口号标志着哲学史上一个全新时代的到来。卡西尔对此给予了高度的评价，他如是说道："我们发现，划分苏格拉底和前苏格拉底思想的标志恰恰是在人的问题上。苏格拉底从不攻击或批判他的前人们的各种理论，他也不打算引入一个新的哲学学说，然而在他那里，以往的一切问题都用一种新的眼光来看待了，因此这些问题都指向一个新的理智中心。希腊哲学和希腊形而上学的各种问题突然被一个新问题所遮蔽，从此以后这个新问题似乎吸引了人的全部理论兴趣。在苏格拉底那里，不再有一个独立的自然理论或一个独立的逻辑理论，甚至没有像后来的伦理学体系那样的前后一贯和系统的伦理学说。唯一的问题只是：人是什么？……他所知道以及他的全部探究所指向的唯一世界，就是人的世界。他的哲学（如果他具有一个哲学的话）是严格的人类学哲学。"

亚里士多德在评论苏格拉底在方法论上的贡献时候，曾经这样说道："我们可以把两个发现归功于苏格拉底，归纳思辨和普遍定义。"他的归纳具体说来只有四个步骤。第一步从对方的论断中找出矛盾，第二步提出对方不得不接受的真理，第三步从个别归纳出一般，第四步给出定义。苏格拉底充分地运用了他的这种方法来讨论人的种种问题。他把人定义为：人是一个对理性问题能给予理性回答的存在物，正是依靠这种基本的能力——对自己和对他人做出回答的能力——人成为一个"有责任的存在物",成为一个理性的道德的主体。在苏格拉底之后,斯多葛主义者也主张自我质询的要求是人的特权和他的首要职责,认为维护人的绝对独立性是人的最基本的美德。

苏格拉底的人学思想开了文艺复兴时期人文主义思想的先河。人文主义者理直气壮地把人看做世界的主人。他们宣扬公元前二世纪拉丁诗人特伦斯的思想:"我是人,人的一切特性,我无所不有。"法国的人文主义者蒙田也引用古代诗人的诗句说:人对自己的生活应该抱有这样的态度,"每个人自己创造自己的命运"。人文主义者高扬人的地位,向宗教神学发起了强有力的挑战。他们贬低神性,而热情讴歌人性和人所具有的理性。法国的拉伯雷在他的《巨人传》中假借神壶的预言者之口说:"请你们畅饮吧!请你们到知识源泉那里去……研究人类和宇宙;理解物质世界和精神世界的规律,……请你们畅饮知识,畅饮真理,畅饮爱情。"英国的伟大的戏剧家莎士比亚在其名作《哈姆雷特》中高声讴歌人生、人的理性:"人是一个什么样的杰作啊!人的理性是多么高贵!人的能力无穷无尽!人的仪态和举止多么恰到好处,令人叹惊!人的活动多么像一个天使!人的洞察力多么宛如神明!人是世界的美!动物中完善的典型!"

人文主义运动的高潮为西方近代以来的理性主义哲学的兴起创造了良好的社会、文化背景。可以毫不夸张地说,从笛卡儿到以康德、黑格尔为代表的德国古典哲学都是对文艺复兴运动所做出的理论总结。因为作为笛卡儿哲学大厦基础的"自我"到康德、费希特哲学中的"自我"再到黑格尔哲学中的"绝对理念"正与人文主义者所热情洋溢赞扬的人性、高声讴歌的人的理性遥相呼应。在近代西方哲学中开始的"认识论转向"实质上只不过是对人的理性所作的哲学重估,是人的自我认识在哲学思辨领域中的折射。正是人的价值的理性的自我发现促使了哲学家们有可能从人——认识主体——去入手解决哲学中所包括的对人的自我认识在内的各种重大问题。这样,我们就可以清楚地看到,那种单纯地把知识论的对象仅仅局限在自然科学知识而完全与人无缘的看法恰恰没有看到近代以来知识论所以能够成立的绝对的先决条件——人的自我的完全觉醒。自我或自我意识是笛卡儿、洛克、莱布尼茨、休谟、康德、费希特、黑格尔以来的西方哲学发展史的真正的基础。"认识论转向"的完成标志着哲学家寻找到了认识自我的一种最重要的手段或工具。

众所周知,"我思故我在"是笛卡儿哲学的第一原理。但笛卡儿哲学的真正的前提却是对"自我"至高无上的思想地位的确认。他的哲学的主题就是要"研究我自己"。他认为,什么都可以加以怀疑,但"我在怀疑"本身却是绝对真实的。"因为要想象一种有思想的东西是不存在的,那是一种矛盾。因此,我思故我在的知识,乃是一个有条有理进行推理的人可以体会到的首先的、最确定的知识。"就是这样,笛卡儿运用了理性的推导方法从"我思"推演出了"我"的存在。笛卡儿在哲学史上的贡献就在于他运用了理性的怀

被称作"现代哲学之父"的笛卡儿

在下面这张标记为 1791 年的插图上，工作中的笛卡儿可谓视书本知识如"草芥"，大部分书被丢在地板上，他希望阅读的，首先是"世界这本大书"。

疑方法确立了"自我"在其哲学体系中的绝对优先的地位。在笛卡儿的哲学体系中,"我"是一个思维的东西,也就是说,是一个精神,是一个理性的存在。可见,理性自我乃是笛卡儿全部哲学的基石。

经验主义者走着与理性主义者不同的认识自我的道路。贝克莱认为,人的认识起源于感觉,而且也只囿于感觉。物质客体不可知。物是感觉的复合。贝克莱的哲学与笛卡儿的相去甚远。他们之间的差异起源于对人的自我的认识能力的不同看法。笛卡儿对人的理性充满着乐观的信心,而贝克莱则把人的认识能力局限在感觉的范围内,认为人并不具有认识抽象观念、认识物质客体的能力。休谟则更进一步认为除了知觉之外,其他一切均不是我们所能认识到的。人们不但不能认识物质实体,而且也不能认识精神实体。休

伟大的经验主义者(从左至右):洛克、贝克莱、休谟

谟的哲学在哲学史上被称作为不可知论或怀疑论。卡西尔正确地指出,不可知论或怀疑论实质上借着否认和摧毁外部世界的客观确实性,而希望把人的一切思想都放到人本身的存在上来,所以我们必须努力打破把我们与外部世界联系起来的种种锁链,才能欢享到真正的无限的自由。认识自我乃是实现自我的第一条件。而认识自我则必须依赖经验和观察,这是不可知论者认识自我的认识论的结论,所以不可知论往往只是一种坚定的人本哲学的副本。

休谟哲学给康德以巨大的震动,把他从独断论的迷梦中惊醒过来。他把自己的哲学任务规定为是在认识开始之前来考察人的认识能力及其可能的运用范围。为了避免独断论和怀疑论,我们必须首先要设立"自我意识"。"自我意识"拥有具有普遍性和必然性的知识形式。同时我们还必须设立"物自体"的存在。物自体作用于自我的感官,促使自我以知识的形式对之进行加工以形成具有普遍性和必然性的知识。但康德又指出,这种具有普遍性和必然性的知识只能是数学知识和自然科学知识,而对于自在之物,如上帝、宇宙、灵魂这些形而上学要认识的主体,则人不可能形成具有普遍性和必然性的知识。这是人类知识的限度,这也是人类认识能力的限度。而且在康德哲学中真正起能动作用的只是自我意识。自我意识为自然立法。费希特看到了康德哲学的重要意义在于把"自我"放到了高于一切的地位。

费希特继承了康德哲学的传统,他把自己的哲学叫做"知识学"。但是他比康德更进了一步,认为知识论不仅是哲学的中心问

伟大的理性主义者(从左至右)：康德、费希特、黑格尔

题,而且就是哲学的本身。进而,他也摈弃了康德哲学中的物自体,而更加突出了"自我"地位,把自我看成是不依赖于他物而独立自存的东西,是一切知识的绝对在先、无条件的根据,是他的"全部知识学"的绝对无条件的第一原理,可见,费希特的知识学的基础就是人的自我,他的哲学就是人学。

从笛卡儿的心的发明到康德的"自我"再到黑格尔的"绝对理念"是一个必然的逻辑进程。黑格尔把康德、费希特哲学的"自我意识"客观化,提升为"现象世界",即世界万物的本原,被称之为"绝对理念""宇宙精神"等,在黑格尔看来,作为宇宙万物实体的"绝对理念"乃是一个富有生命力的能动的创造性的认识主体。黑格尔哲学中的这种人本学特征在其早期著作《精神现象学》中表现得淋漓尽致。在《精神现象学》中,黑格尔运用了辩证的方法和发展的观点来研究分析人的意识、精神发展的历史过程。《精神现象学》实质上是"人的意识发展史"。它表现出了黑格尔的对人的精神的真正发生发展的研究实际上应该是哲学的最高任务和哲学精神的观点。黑格尔的全部哲学就是对人的精神作自我反思的历史再认识,因此,在他的哲学中认识论和人的哲学是完全统一的。

在西方,哲学研究有两个领域,即自然哲学和人的哲学。哲学史的发展表明,人不能直接达到客观的自然,关于自然的所有知识的可能性存在于人的认识过程之中,所以在哲学的发展历史上有所谓的"认识论的转向"。因为不碰认识论,我们根本就不可能认识外在的客观世界。这也就能很好地说明,康德为什么要在认识开始之前考察人的认识能力。他的考察的结果是:数学是可能的,自然科学是可能的。之所以可能就是因为人类所具有的感性直观形式和知性所具有的范畴把普遍必然性质加给了自然。我们可以清楚地看到,自然哲学和人的哲学已经紧紧地结合在关于人的哲学之中。也正因为这样,所以英国哲学家休谟萌发了建立一门新的科学即人性科学的念头,他指出,所有的科学知识即便是那些似乎离人相当遥远的知识,都是通过人才有可能,都是与人类有密切的关系。可见,对于哲学来讲,最基本的也就是关于人的哲学了,所以哲学简直可以称之为人学。不懂得人之所以为人,我们也就根本不可能从事任何科学的研究。

上述的哲学史回顾旨在说明认识自我、分析自我是西方哲学传统中的一个永恒主题。西方近代哲学中虽出现了"认识论转向",

知识的问题成了哲学讨论的主题。但我们应该看到,知识论的讨论所以可能的前提就是人的自我的觉醒。知识论的讨论源于人的自我认识,为人的自我认识提供认识论的工具。

其实,中国哲学从一开始就走上了人本哲学的路子。对于人的本质的思考始终是中国传统哲学的主题。儒家哲学思想是这样,道家哲学思想和佛家哲学思想也无不是如此。孔子思想关心的是人,所以他的哲学思想的核心概念是"仁"。颜渊问仁,孔子答曰:"克己复礼为仁。"礼是外在的约束人们行为的礼仪规章制度,它带有强制性。孔子认为,仁的基本性质是要求人们约束自己的言行使其符合于周礼的内在自觉的道德规范。孔子在中国哲学思想史上的地位是化外在的强迫性的礼为内在的自觉的仁。为仁由己而不由人,所以他说:"为仁由己,而由乎人哉?""仁远乎哉,我欲仁,斯仁至矣。""为仁"是人的自由的道德选择,而这一选择是自己做出的,并不是别人或某种外在的力量强迫下所做出的。孔子的这一思想突出了道德主体的自主性,人是享受思想自由的存在。孟子继承了孔子的哲学思想传统,他在政治上提倡"仁政"。"仁政"的可能性存在于人先天而具有的仁义礼智这四种道德品质中。他指出,仁义礼智这四种道德品质并不是由外面强加给我的,而是我的内心生而具有的。"仁义礼智,非由外铄我也,我固有之也,弗思矣。"毫无例外地人都具有这"四心"。有人如果说没有这"四心",孟子指出,这是因为他"弗思矣",即没有好好地意识到自己具有"四心",所以遗忘

孔子与孟子：中国儒家文化中的典范形象。他们都强调人是一种道德性的存在，有能力进行自由的道德选择。

了。只要是人，就都有"四心"。你说你没有，那是因为你没有回到自己的内心中去寻找。孟子所以说要"求放心"，是要把放失掉的本心找回来。孟子的"求放心"实质上就是苏格拉底所说的"认识你自己"。认识你自己，呵护维持好自己本已固有的"四心"是人的最高的职责和神圣的使命。在孟子的哲学思想中也同样可以看到帕斯卡的"思想形成人的伟大"的思想。孟子说："万物皆备于我矣。反身而诚，乐莫大焉。"万事万物都在我的心中，反思自身确实做到了诚其身，那么你就会感到莫大的乐趣。"万物皆备于我"，所以天地万物中人为最高贵者。陆九渊则更为明确地表达出了这同样的思想。他在十几岁时便提笔写道："宇宙便是吾心，吾心即是宇宙。千万世之前有圣人出焉，同此心，同此理；千万世之后有圣人出焉，同此心，同此理也；东南西北海有圣人出焉，同此心，同此理。"又说："宇宙内事，是己分内事；己分内事，是宇宙内事。"宇宙不在我的心外，我心即是宇宙，与宇宙同其广阔伟大，人心是无所不包的。王守仁继承陆九渊的哲学思想，也同样认为"万事万物之理不外吾心"，应该在"吾心"中而不是在"吾心"之外去求物理，因为"心外无理""心外无物""心外无事"。他认为，人的道德良知是外在世界万事万物存在的根据。他说："若草木瓦石无人的良知，不可以为草木瓦石矣。岂惟草木瓦石为然，天地无人的良知亦不可以为天地矣。"此乃是在说"人为天地之心"。据《传习录》记载：有一天王守仁与其弟子赴南镇地方游山，一个弟子指着山中的花树问道："天下无心外之物，如此花树在深山中自开自落，于我心亦何相关？"王守仁答道："你未看此花时，此花与汝心同归于寂，你来看此花时，则此花颜色一时明白起来，便知此花不在你的心外。"阳明这一回答在国内的哲学史教科书中多为被批判的对象，认为此一回答是主观唯心主义的，否认了外在的客观世界。其实这样的批判毫无道理，而阳明的回答则有一定的道理。

　　道家哲学思想的核心也应该说是人。老子和庄子是道家哲学的代表。老子哲学思想的主要概念是"道"，道是世界万事万物及人的本原。《老子》说："道生一，一生二，二生三，三生万物。"人只是万事万物中的一种。《老子》说："道大，天大，地大，人亦大。域中有四大，而人居其一焉。人法地，地法天，天法道，道法自然。"可老子和庄子：与积极入世、追求内圣外王的儒家圣人不一样，道家哲学更强调绝圣去智，清净无为，在内心世界的拓展中去获取精神的自由和人格的圆满。

见，老子的哲学思想是一种探求人及万事万物本原的哲学，是一种本体论和宇宙论，具有较浓重的客观性的味道。庄子哲学则不然，他将作为万事万物本原的道内在化为人的一种心灵境界。如何突破人自己躯体的拘执，不为名利、外物、家室、社会制度等所累，无限拓展人的精神境界，从而获得无限的自由便是庄子哲学的永恒主题。"故尝试论之，自三代以下者，天下莫不以物易其性矣。小人则以其身殉利，士则以身殉名，大夫则以身殉家，圣人则以身殉天，一也。故此数子者，事业不同，名声异号，其于伤性，以身为殉，一也。

……伯夷死名于首阳之下,盗跖死利于东陵之上,二人者,所死不同,其于残生伤性均也。"在庄子看来,为名、为利、为家庭或为国家而牺牲自己的身家性命是"残生伤性",这样的生命是毫无价值、毫无意义的。我是我自己的,我才是自己的真正的主人。我是目的自身,而不是实现某种外在的利益、制度或名利的手段。庄子反对"人为物役"。要做一个真正的人,就必须突破各种限制与道融合为一,摆脱一切"物役","物物而不为物所物",获得真正的自由,在浩瀚的空际做不依赖任何外在东西的逍遥游,其最高境界便是"天地与我并生,而万物与我为一"。我们可以看见,庄子哲学的主题始终关心的是"人如何才能成为一个真正的人"。

中国的禅宗强调的是将佛性与人性紧紧地融合在一起,指出人性就是佛性,"佛"不是别的,就是自己的本性。"本性是佛,离性无别佛。"因此求佛不是向外,而是向自己的身内去求,"佛向性中作,莫向身外求。"禅宗认为,佛不在遥远的彼岸世界,而就在个人的心中,就在于你对自己本性的迷或悟之间。"自性若悟,众生是佛;自性若迷,佛是众生。"我们在此也可以借用西塞罗的话说,禅宗佛学将哲学从天国搬回了人间。

与西方哲学一样,中国哲学的最高目标也同样是人,而且我们可以进一步说中国哲学是更为典型的人本主义哲学,它始终紧紧地围绕着人这一主题展开。

说哲学的主题是人并不意味着我们把哲学研究的范围仅仅限制在人的身上,而不重视甚或反对对外在事物的研究。与此相反,哲学正是因为"以人为本",所以它才十分关注与人有关的一切研究。从学术发展的历史来看,那些与人的生存关系最为密切的领域是首先进入人的视野的,与人的关系比较遥远的对象也就较晚引起人的研究兴趣。稍有哲学史的常识的人,就能轻易地看到,哲学研究的对象几乎涵盖了知识的一切可能的研究范围。但最后,哲学家发现,历史上最伟大的天才尽管花了极大的精力,结果还是收效甚微。我们坚信我们身处的生活世界内外所能发现的种种令我们感觉惊讶莫名的奥秘必定有其原因,关于它们的真理也必定是隐藏在

宋朝壁画中的禅宗六祖慧能。

什么隐蔽的处所,这是没有问题的。问题却在于我们至今还未真正找到使我们的研究或探索能够取得卓著成效的出发点。于是问题便成了这样的,即我们的研究应该从何处开始呢?

英国哲学家休谟可以说是最早注意到这个问题的哲学家。他的研究表明,作为所有学科研究的出发点或基地的应该是关于人性的科学即哲学。为了给自己的论点提供论据,他进一步探索了人性科学与其他学科相互之间的关系。他一针见血地指出:"显然,一切科学对于人性总是或多或少地有些关系,任何学科不论似乎与人性离得多远,它们总是会通过这样或那样的途径回到人性。即使数学、自然哲学和自然宗教,也都是在某种程度上依赖于人的科学,因为这些科学是在人类的认识范围之内,并且是根据他的能力和官能而被判断的。如果人们彻底认识人类知性的范围和能力,能够说明我们所运用的观念的性质,以及我们在做推理时的心理作用的性质,那么我们就无法断言,我们在这些科学中将会做出多么大的变化和改进。……数学、自然科学、自然宗教既是如此依靠于有关人的知识,那么在那些和人性有更密切关系的其他科学中,又会有什么样的情况呢?逻辑的唯一目的在于说明人类推理能力的原理和作用,以及人类观念的性质;道德学和批评学研究人类的鉴别力和情绪;政治学研究结合在社会里并且互相依存的人类。在逻辑学、道德学、批评学和政治学这四门科学中,几乎包括尽了一切需要我们研究的种种重要事情,或者说一切可以促进或装饰人类心灵的种种重要事情。"通过对哲学与其他学科关系的考察,休谟得出了他的

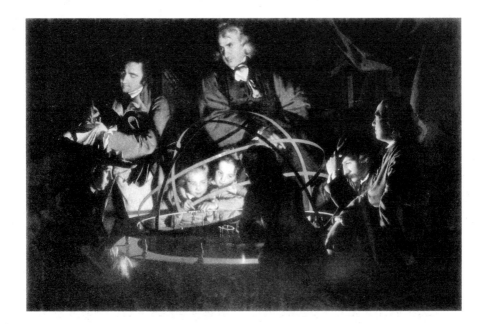

休谟运用伊萨克·牛顿的科学方法描述了大脑是如何获得所谓的知识的,他得出结论说:在感觉经验之外毫无知识可言。赖特所画《哲学家的演讲》(约1766)生动地描绘了科学对现代思想所产生的影响。

结论:"因此,在我们的哲学研究中,我们可以希望借以获得成功的唯一途径,即是抛开我们一向所采用的那种可厌的迂回曲折的老方法,不再在边界上攻取一个城堡,一会儿占领一个村落,而是直捣这些科学的首都或心脏,即人性本身;一旦被掌握了人性之后,我们在其他各方面就有希望轻而易举地取得胜利了。从这个岗位,我们可以扩展到征服那些和人生有较为密切关系的一切科学,然后就可以悠闲的去更为充分地发现那些纯粹是好奇心的对象。任何重要问题解决的关键,无不包括在关于人的科学中间;在我们没有熟悉这门科学之前,任何问题都不可能得到确实的解决。因此,在试图说明人性的原理的时候,我们实际上是提出一个建立在几乎是全新的基础上的完整的科学体系,而这个基础也正是一切科学唯一稳固的基础。"(休谟《人性论》)可见,在休谟看来,人性科学或这种新的哲学是一切科学研究的唯一的稳固的基地或出发点。结论自然也就是,不但哲学就连自然科学和自然宗教也都要以人为自己的研究对象,我们可以发现,西方近代以来的哲学发展基本就是沿着休谟的路子走的。

2 哲学是美好生活的向导

在上面,我们说明了哲学的永恒主题是人。人是什么?人的生命的意义是什么?人如何才能过上美好的生活?这些问题便是哲学所要思索和回答的。什么样的生活才是人的生活？人的生活要怎么样才能有价值？是哲学中的重大问题。罗马哲学家西塞罗曾经说过："哲学！人生的导师，至善的良友，罪恶的劲敌，假使没有你，人生又值得什么！"学习哲学肯定不能为你提供生活中所需要的柴米油盐酱醋及其他的生活必需品。当然生活并不仅仅意味着就是这些东西，它有着更为丰富的内容。你如果要想使自己的生活更为丰富、更为幸福、更为美好，那么哲学是少不了的。哲学是通向美好生活的保障。哲学并不神秘，也不高深莫测，它就在我们的日常生活中，就是关于我们生活的学问或艺术。

可以说，想过美好的或幸福的生活几乎是每个人的追求或愿望。那么什么是美好的或幸福的生活呢？

有人认为，有一份薪水颇丰的工作，身体健康，在山清水秀的处所有一套豪华的别墅，能与心心相印善解人意的爱人长相厮守，过着物质方面无忧无虑的生活，这样的生活在他们看来无疑就是最幸福的生活了。毋庸置疑，对幸福生活的这一看法，有其合理性。物质生活确然是幸福生活的一种必要的因素，人们有权享受物质生活所带来的种种利益。现代社会中的人们几乎都是以物质生活的指标来衡量生活是否达到"小康"生活水平。这种看待生活的态度在以经济建设为中心的现代社会中是相当普遍的。经济建设和自然科学在现代社会现象中占据着中心的位置，由此形成的比较流行的看法就是要以经济生活的参数来衡量生活的质量，要以具有实用性的科学方法作为评估生活幸福程度的尺度。但事实告诉我们，即便有了充裕的物质生活，我们也不一定能过上美好幸福的生活。生于钟鸣鼎食之家的贾宝玉，整日为金屋秀榻锦衣玉食如云的美女所包围，在时下的很多人看来，应该是很幸福的。然而贾宝玉到头来却选择了出家这一条道路。因为在大观园中，他身受封建礼教的重压，爱情生活的缠绕，给他的精神生活带来了无穷的苦恼。在这样的环境之下，他或者发疯，或者自杀，或者就是出家。最终，他不得已选择了出家这一条道路。这说明，生活的幸福并不决定于外在的环境。

释迦牟尼出家前为王子，应该说在物质方面是应有尽有，这在其他人看来就是一种令人艳羡的无忧无虑的幸福生活了。但释迦牟尼并不如此看，充裕的物质生活并不意味着幸福。有一天他驾车出游四门，在东南西三门的路上先后遇着老人、病人和死尸，亲眼看到那些衰老的人、消瘦的人及其他种种凄惨的景象。这使他异常的感伤和烦恼。最后从在北门外遇见的一个出家的沙门那里，他认识到只有出家才可以解脱生老病死种种束缚。于是他独自走向伽耶城外的毕钵罗树下静坐思考如何摆脱人生的种种痛苦，终于在天将破晓时恍然大悟，确信自己已经通达了人生的真谛，拔除了人生烦恼的根源。他在悟道之后独自在树下徘徊多日，享受着解脱三昧的无上乐趣。王宫中的生活并不能使释迦牟尼感觉到巨大的幸福，却给他带来不少的痛苦。真正的幸福只有在精神世界中才能寻找得到，只有在静坐思考中通达了人生的真谛、拔除了产生人生种种痛苦的根源之后才有可能过上幸福的生活。可见幸福首先是人对生活的一种看法,是人对生活的一种态度。如果你对生活的幸福或痛苦有了某一种看法或态度,那么你也就有了精神生活,你也就对自己的精神生活有了自觉。不错,精神生活越丰富,你的痛苦可能会越多,但同时你能够感受到的幸福也就越多。没有痛苦也就没有幸福。幸福生活的出现也同时意味着痛苦的消失。

中国现代著名思想家梁漱溟年幼时就很执著地追求幸福的生活。原以为幸福生活决定于外在的世界。有一次他问家中终日辛苦劳作的保姆,她的生活苦还是不苦,保姆答道:"不苦啊!"这一回答使梁漱溟幡然醒悟,意识到所谓的幸福生活并不存在于外在世界

这幅健陀罗风格的佛陀像与我们习见的饱满、庄严的佛陀形象迥然不同。在菩提树下苦修的佛陀形销骨立,经历了肉体巨大的苦痛与折磨,最终悟道成佛,实现了精神上的圆满和超脱。佛陀的苦修形象也许与传统的"美"的概念格格不入,却彰显了一种强大的精神力量。

之中，幸福原本就是我们对生活的一种看法。物质生活的充裕虽然重要，但对于人的幸福而言最重要的是精神世界。于是他便沉溺于佛学典籍，想在其中寻找生活的真谛，抛却青春期的无限烦恼。如果我们有着崇高伟大的精神世界，那么我们无论在什么地方什么时候都能感觉到幸福或美好的生活。若如此，则幸福或善或美便会无处不在。宋明理学家叫人寻找所谓的"孔颜乐处"，事实上要人寻找的就是使人达到一种崇高伟大的精神世界。得到了这一境界，也就得到了生活的幸福或乐处。颜回就是处于这样的境界中的人，"一箪食，一瓢饮，在陋巷，人不堪其忧，回也不改其乐。"

可见，关于什么是幸福或善有着截然不同的看法，更遑论怎么样追求幸福生活这一更为复杂的哲学问题。

哲学不是抽象概念的思辨、分析，也不是课堂上宣读的教科书中的理论体系。哲学只不过是关于生活的艺术，它告诉我们什么才是真正幸福的生活。也正是在这个意义上，古希腊伟大哲学家苏格拉底才被后人称之为"探索幸福的人"。对于这个称谓，苏格拉底当之无愧。因为他的哲学主题及其全部哲学活动就是人的生活。生活中的善便是他执意要追求的最高的目标和最伟大的理想。构造体系严密论证细致的概念体系本来就不是他的意愿。他不是书斋里的哲学家，如他的学生柏拉图。他的哲学课堂不在大院高墙内的教室里，而在雅典社会的深处，在熙熙攘攘的人群之中。于是他便走出家庭，离开性格强悍暴烈、喋喋不休唠叨不已很难使人容忍的妻子，整日光着脚奔走穿行于雅典的大街小巷、廊庙闹市、竞技场所,到处拉着人问什么是美、什么是善、什么是幸福生活等这样的哲学问题。他的目的在于引导或规劝人们要真正懂得什么样的生活是美好的、有道德的,是有意义或有价值的。固然人人都在生活之中,但并不是每一个人都能明白什么才是真正的幸福的生活,什么才是善等这样的问题。苏格拉底认为这样对待生活的态度是有问题的。他指出:未经审视的生活还不如没有的好。因此美好幸福的生活必须经过我们的哲学理性的审视才有可能得到。他经常思考的问题是究竟什么样的知识才能使人们得到最大的幸福。于是美德、善、正义、灵魂等问题也就成了他哲学探讨的核心问题。他希望通过对这些问题的讨论,达到改造人们灵魂的目的。他这样说道:

> 雅典人啊!我尊敬你们并且热爱你们,但我将宁可服从神而不服从你们,而且只要我还有生命和气力,我就不会停止哲学的实践和教诲,劝勉我所遇到的你们中的每个人,照我的方式对他说:你,我的朋友,伟大、强盛和智慧的雅典城邦的一个公民,你只专注于积累大量钱财和猎取声誉,却毫不关心和留意于智慧、真理和灵魂的最大改善,难道不以为羞耻吗?如果这人说:是啊,可我是注意的呀!这时我就不离开他,也不让他走开,而要来回地盘问他;如果我发现他并无美德,只是口头上说他有,我就要责备他忽视了最宝贵的东西,倒把无价值的东西看得非常重要。我要把这些话反复地对我所遇见的每个人去讲,不管他年轻或年老,是公民还是仆人,但是特别要对你

们这些公民们说,因为你们是我的同胞。要知道这是神的命令,我相信,在我们国家里再没有什么比我对神的服务是更大的好事了。因为我所做的事情只是到处去劝说你们,不论老少,不要只考虑你们个人和财产,首要的事是要关心灵魂的最大改善。我告诉你们,金钱不能带来美德,而只有美德才会带来金钱和其他一切好事,包括公共的私人的好事。这就是我的教义。

金钱、地位、权势等外在的东西不能给人们带来美德、幸福。美德、幸福等不能向外去寻觅,它们只存在于我们的灵魂深处,它们是自由思想园地里所盛开的花朵。一个不关心自己的灵魂和思想的俗人不可能真正懂得什么是美德、什么是幸福。要获得美德和幸福,我们就必须改造自己的灵魂,就必须浇灌精神的家园,就必须丰富自己的思想。

人都有灵魂,都有思想。但并不是每个人都在时时刻刻地关心自己的思想,精心细致地呵护自己的灵魂。至于能自觉地对自己的思想或精神进行反思者更是微乎其微。所以,虽然我们都希冀自己能过上美好幸福的生活,都盼望自己有着美好的精神家园,但事实上,真正能够得到幸福的只是少数。

那么究竟什么样的人才能够得到幸福呢?

这是一个很难回答的问题。

为什么呢?因为它是一个真正的哲学问题。这是说,如果谁能够回答或解决这一个哲学问题,谁也就自然而然地得到了幸福。在回答或解决这一问题之前,我们且先仔细品味朱熹的一首诗。

朱熹有《观书有感》二首,其中第一首是这样的:

> 半亩方塘一鉴开,
> 天光云影共徘徊。
> 问渠那得清如许?
> 为有源头活水来。

方塘半亩虽然不大,但它却像一面明镜,澄澈明净,一尘不染,天光云影在其中浮动闪烁。澄澈明净的方塘之水与天光云影交相辉映。方塘如镜面般明净,这是静。然天光云影却在其中闪耀浮动,这又是动。静中有动,动中有静,又呈现为一种动静融合为一的画面。这是一幅无比美妙的画面,令人赞叹不已。方塘之水要能够反映天光云影必须清而又空,毫无尘埃。然天光云影之能够在水中闪耀浮动,又表明方塘之水是空中有灵,空灵结合为一体。方塘半亩不大,但却能够反映万里晴空的天光云影,这又是从小中见大。那么方塘之水为什么能够总是这样的澄澈明净呢?诗人答道,因为有"源头"的"活水"不断地涌入方塘。

一般人认为,朱熹这首诗是借景物的描写抒发哲学家的义理,这固然不错,但却不完全准确。因为诗中的方塘本来就有两层含义,即明指眼所见的方塘,暗喻人的心灵。显然前一种意义的方塘在诗中是没有任何深意的。在朱熹看来,这后一层意义的方塘才是其旨意所在。因为此诗题为《观书有感》,显然是诗人因所读书中的哲理撩拨其心中无限的哲学遐想,大有不吐不快的感觉,才提笔写下此诗。

如果把半亩方塘视为我们的心灵,那么我们就能准确地理解朱熹此诗的深刻哲理。我们要保持自己思想、精神、心灵的澄澈明净,一尘不染,才能做到以静待动,动静合一,才能保持空灵合一,以小见大。而心灵、思想、精神之能够保持其空灵,保持其澄澈明净、毫无芥蒂又必须有其"源头活水"。在朱熹处,思想、精神和心灵的"源头活水"显然是指他积极倡导的理学思想。他认为,理世界是

朱熹(1130—1200),宋朝著名的理学家、思想家、哲学家、教育家、诗人,闽学派的代表人物,儒学集大成者,世人尊称其为朱子。朱熹是唯一非孔子亲传弟子而享祀孔庙、位列大成殿十二哲者中。

"洁净空阔底世界",人的心中之理,和万物所蕴涵的理又是相通的。万事万物的生长发育是由于"天道流行,造化发育"。为什么天理流行就能化育万物呢?朱熹答道:"天道流行,发育万物。其所以为造化者,阴阳五行而已。而所谓阴阳五行者,又必有是理而后有是气。及其生物,则又必因是气之聚而后有是形。故人物之生,必得是理,然后有以为健顺仁义理智之性;必得是气,然后又以为魂魄五脏百骸之身。周子所谓'无极之真,二五之精,妙合而凝'者,正谓是也。"可见,天地间万事万物的产生长养是由于伴随着理的阴阳五行之气的流行。化育流行乃使宇宙处在永恒的运动之中。"天地之化,往者过,来者续,无一息之停,乃道体之本然也。""此道体也。天,运而不已,日往则月来,寒往则暑来;水,流而不息;物,生而不穷;皆与道为体,运乎昼夜,未尝已也。"理是能造作,能创生的实体,是万化之源,万物之本,当然也是我们思想或生活的取之不竭、用之不尽的"源头活水"。如果你对理学思想有一定的了解,那么你对朱熹此诗的理解就自有新的境界,就会"别有一番滋味在心头"。从哲学的高度来看这个世界,就是与从俗世的观点来看这个世界不一样,尽管这个世界还是这个世界,但它向我们所呈现的意义却大不一样。

如果我们能够保有思想、精神和心灵的"源头活水",我们的精神生活便会达到一种崇高的境界,我们的生活中就会充满盎然的生机、无上的乐趣和甜蜜的幸福感。用这样的眼光看待生活及其世界的一切,自然是"万物静观皆自得,四时佳兴与人同"。当然,这个思想、精神和心灵的"源头活水"便是活的哲学思想。要想有幸福美好的生活,你就得学习哲学。哲学是美好生活的向导,是精神生活的守护者,是心灵的"源头活水"。

一般人的生活没有精神、思想和心灵的源头活水,所以他们的思想、精神和心灵枯竭如化石,生活中没有天光云影,没有善,没有德性,没有幸福,没有一切美好的东西,生活当然也就空虚不实,枯燥乏味,苦不堪言。生活对他们而言毫无意义和价值,当然也就谈不上什么幸福了。他们孜孜以求物质生活的享受,得到了所需要的

《诗画合璧十六开册》(沈周,15世纪)

"万物静观皆自得,四时佳兴与人同。"画中人与山川为伴,唤江水为友,行坐自在,俯仰自得。

物质,到头来却全然享受不到生活的乐趣。因为他们不知道生活的幸福指的是精神生活的幸福,是必须内求于心才能得到的。不仅我们的身体需要食粮,我们的精神、思想和心灵也同样需要食粮。而且后一种食粮对于人的幸福生活而言更为重要。诚如法国现实主义作家司汤达所说的那样,"轮船要煤烧,我的脑筋中每天至少要三四立方尺的新思潮。"中国的优秀诗人郭沫若把司汤达的这句话视为了"警策的名言",看成是他当日的"装进了脑的无烟煤"。夹竹桃的花、石榴树的花正在怒放,郭沫若追问,那么"思想底花可要几时才能开放呀?"在他看来,思想的花朵指的是新的思潮,没有新的思潮不可能会有思想的花朵。有了这样的认识,郭沫若发誓要成为一个挖煤工,"要往图书馆里去挖煤去"。

且听诗人的心声:

"轮船要煤烧,
我的脑筋中每天至少要
三四立方尺的新思潮。"
Stendhal 哟,
Henri Beyle 哟,
你这句警策的名言,
便是我今天装进了脑的无烟煤了!

夹竹桃底花,

> 石榴树底花,
> 鲜红的火呀!
> 思想底花,
> 可要几时才能开放呀?
>
> 云衣灿烂的夕阳,
> 照过街坊上的屋顶来笑向着我,
> 好像是在说:
> "沫若哟!你要往哪儿去哟?"
> 我悄声地对她说道:
> "我要往图书馆里去挖煤去哟!"

可以说,哲学思想就是最好的思想煤矿。

由上可知,哲学与我们的生活密切相关,向往美好生活的愿望是我们学习和研究哲学的强烈动机。这样说来,我们每一个人都与哲学有着这样或那样的程度不等的关系。只要细心考察,你就会发现,哲学问题就在我们的日常生活之中,它/他无处不在,只是我们"日用不知""习焉不察"。

3 哲学思考是最为自由的学术探讨

哲学虽然与我们朝夕相伴,但并不是每一个人都能发现生活中的问题,做哲学的思考。能够成为哲学家的更是凤毛麟角,微乎其微。哲学只对于那些热爱生活,追求生活意义的人才有其价值。对于大多数人而言,由于他们热衷于与生活密切相关的现实利益,无暇思考生活现象背后的更为深层的哲学问题。

为什么呢？这是因为人的需求有层次之分。著名心理学家马斯洛曾经指出,人的需要有高低不同的结构层次。最基本的可以分为五个层次：

第一层次是人的生理需要,如对衣食住行的需要,这是人的需要中最基本和最强烈的一种。

第二层次是安全的需要,此种需要是在第一种需要满足的基础上生长起来的。

第三层次是归属和爱的需要。在前两种需要得到满足的基础之上,人自然而然会产生对爱、对友谊、社交和被理解的需要。

第四层次是自尊的需要。自尊和受人尊重是每一个健康的人的更高层次的需要。

第五层次是自我实现的需要。马斯洛说："一个人能够成为什么,他就必须成为什么,他必须忠实于他自己的本性。这一需要我们可以称之为自我实现的需要。"

按照马斯洛的动机—需要层次理论,我们可以说,对于哲学的关注只有在第五层次的需要上才有可能产生。因为哲学思考就是一种自由的思考,**只有具有"自我"意识的人,才有可能自由地进行哲学的思考**。在我们的时代,由于现实的经济发展的要求使人们对于日常生活的琐事予以太大的重视,整个民族思考的重点在于如何去努力奋斗实现以经济为中心的现代化事业。这正如黑格尔所说的那样,由于有关现实工作占据了精神上的一切能力,各阶层人们的一切力量以及外在手段,致使我们精神上的内心生活不能赢得宁静。世界精神太忙碌于现实,太驰骛于外界,而不能回到内心,转回自身,以徜徉自怡于自己原有的精神家园中。这就告诉我们,如果我们的心灵让世俗的利益占据了,那么我们的精神生活一定会极度地贫乏。大多数的人由于过于关注现实的利益,以至于没有时间和精力去浇灌心灵的家园中的思想花朵。所以他们不能做到使自己的思想、精神和心灵处于空灵、宁静的状态。对于他们而言,哲学思想是生活的奢侈品。他们根本就不懂得哲学思想是使人类生活充满生机、乐趣、幸福的不可须臾离却的必需品。人类历史在不断地进步向上,人类的生活在不断地改善提高,人类的思想在不断地丰富充实,人的心灵所以能充满着不可遏止的激情和好奇,这都是由于历史上花样翻新的哲学思想在不断地激活着人类的思想。可以说,如果人类没有了哲学思想,人类可能也就没有了历史,人类存在现在早已成为了僵死的化石。

为了要能进行哲学的思考,你必须要有强烈的自我意识。有了自我意识,你也就必然地会感觉到思想自由的伟大价值和崇高意义。相应地,你也就有了要成为自己思想的主人的强烈的愿望。我是我自己的,我有权利来进行自己的思考,自己的选择。他人的思想可以成为我的思考的思想资源,但他人的思想决不能取代我自己

《两位哲学家》(伦勃朗,1628)

探讨、论证和争辩是哲学的关键所在,因为一切都必须受到质疑和批评。因此可以说,哲学就是对真理的共同探寻。

的哲学思考。我是我自己的思想的主人,而不是他人思想的奴仆。诚如卢梭所言,人是生而自由的。康德也指出,不论是谁在任何时候都不应把自己和他人当作工具,而应该永远看做自身就是目的。他认为,每个有理性的东西,都自在地作为目的而实际存在着。他们并不单纯是这个或那个意志使用的工具。在他们的一切行动中,不论是对自己,还是对别人,任何时候都必须被当作目的。人之能作为自在的目的而存在的可能就是因为他是有理性的东西。一切没有理性的东西则只能被称作物件。因此,人的本性表明,他们不是可以被随意摆布的对象,他们必须享受应有的尊重。

理性的存在天然地具有能思想的能力。能思想是人与其他事物相区别的本质特征。法国思想家帕斯卡曾经这样说过:"人只不过是一根苇草,是自然界最脆弱的东西;但他是一根能思想的苇草。用不着整个宇宙都拿起武器才能毁灭他;一口气、一滴水就足以致他死命了。然而,纵使宇宙毁灭了他,人却依然要比致他于死命的东西更高贵得多;因为他知道自己要死亡,以及宇宙对他所具有的优势,而宇宙对此却是一无所知。因而我们全部的尊严就在于思想。正是由于它而不是由于我们所无法填充的空间和时间,我们才必须提高自己。因此,我们要努力好好地思想;这就是道德原则。"可见,正是理性或思想而不是其他任何东西才使人变得尊严、伟大。因此我们要维护人的尊严和伟大就得善用我们的思想,就要成为自己思想的主人,坚持独立而自由地思想的权利,不要盲从,不要随意附和。凡事要自己拿主意,自己思考,自己做选择。如果你能如此去做,那么你就是自己的主人,你也就有了自由的思想了。同时,你也自然而然地具有了从事哲学思考的必要条件了。当然尊重自己的思想,并不意味着你就可以随意地诋毁或蔑视他人的思想。如果说我是我自己的思想的主人,那么其他人也就是他们自己的思想的主人。在此情形之下,我的思想就有可能与其他人的思想发生冲突。避免这样的思想冲突的最好的办法就是作哲学思想的论证,你就得拿出充分的理由或证据,以理力争,来说明你的思想可能是更有道理,更有合理性。关于此点,我们在此书的适当部分将作详细的叙述。

思想的自由是进行哲学思考的必要的前提。没有思想自由也就没有哲学思想。哲学思想是在自由的思想园地中才能盛开的花朵。我们需要哲学思考的唯一目的是寻求生活的真谛,而不是为了金钱、地位、权势等这些世俗的物质利益。西方哲学史上的第一个真正意义上的哲学家苏格拉底就是这一方面的典范。苏格拉底作为一个哲学家与智者的实质性的区别在于,智者研究学问,研究知识的目的是为"稻粱谋",即在智者看来,思想本身并不是他们的真正追求或目的,而只是一种谋生的手段;苏格拉底则不同,他追求学问、研究知识是为了思想自身的目标即追求真,是为了思想而思想或是为了学问而学问。可见,在智者处,思想或学问或知识仅仅是手段。他们要迎合服务对象的需要,为客户的目的服务。因此客户的需要和目的也就成为了智者思想的主人。正是由于智者工作的这样的性质,所以柏拉图才把智者看做是与奴隶差不多的人群,认为智者的工作就是奴隶式的工作。当然这不是说，智者们本人是奴隶，而只是说他们的工作是为了谋生，是为了挣钱，因此他们出卖自己的学问，出卖自己的思想。苏格拉底与此不同，他之所以不断地探索思想，不断地研究知识，目的不是为"稻粱谋"，不是为他人提供服务，更不是为了在法庭上迎合取悦于陪审团，而是为了思想自身，为了追求真本身。他非但不懂如何取悦于别人、为别人的目的服务，却偏偏要在大庭广众之下，批评别人，揭别人的思想短处，逼迫那些洋洋得意之人承认自己知识的有限性，使得别人下不来台。用柏拉图的话说，苏格拉底的工作是主人式的工作。不过话又讲回来，苏格拉底又实实在在是一个惹人讨厌的家伙。即便在思想通达、民主自由思想深入人心的今天，如果在大庭广众之下碰到这样的人，我们也会油然而生恐惧之心，避之唯恐不及，担心自己会在众目睽睽之下出尽洋相，受尽凌辱。但苏格拉底却以能成为这样的思想家而自豪，他自认为是一个牛虻，专事叮咬、蛰刺、惊醒雅典这个睡盹混乱的庞然大物，促其奋发努力向上、向前。在法庭上他这样慷慨陈辞：

  所以雅典人啊，现在我并不是像有些人想象的是为我自己申辩，而是为了你们：你们不要滥用神赐给你们的礼物来给我判罪，如果你们处死我，将找不到人来取代我。用粗鄙可笑的话说，我是神特意赐给本邦的一只牛虻，雅典像一匹硕大又喂养得很好的马，日趋懒惰，需要刺激。神让我到这里来履行牛虻的职责，整天到处叮着牛虻，激励、劝说、批评每一个人……

要寻求真理，就必须保持思想的自由和独立。而寻求真理的目的是保证使人们能够过上幸福美满的生活。真理是带刺的玫瑰，虽漂亮但却扎人。只有不怕痛苦的人，才有可能寻求到真理。苏格拉底告诉雅典的人们，什么是真理、什么是幸福、什么是德性、什么是善。把真理、幸福和思想的自由留在人间，自己却选择了死亡。对于大多数人而言，死亡是最大的痛苦。但苏格拉底却为了思想的自由、为了真理，安详平和地走向了死亡的深渊。真正的哲学家是为了自由、真理和精神的幸福而生存、而奋斗，他们决不会为了世俗的利益而牺牲自己的奋斗目标。苏格拉底的学生柏拉图也是为了自己的政治改革的理想而被人把衣服剥得精光拉到市场作为奴隶去

斯宾诺莎故居里的长椅。斯宾诺莎曾坐在长椅上切割和打磨镜片，同时完成了一些光学试验，但进行这些实验使得他的结核恶化，导致了他过早的但也是平静的死亡。

卖。斯宾诺莎为了自己的思想自由谢绝了教会大学所提供的优厚的教职,靠磨镜片为生直至病死。

追求真理,追求思想的自由和尊严是中外哲学家的共同奋斗目标和远大的理想。如孔子为了推行自己的以仁为核心的政治改革理想,周游列国,游说诸侯,希望当时的统治者能采纳自己的政治改革主张。孔子的政治主张不能为当时的统治者所采纳,不得已退而聚徒讲学。孔子是以"仁"为己任,自感"任重道远"。"仁"是孔子哲学思想的最高境界和理想目标。"君子去仁,恶乎成名?君子无终食之间违仁,造次必于是,颠沛必于是。"随时随地都必须以"仁"为指导自己言行的最高准则,不可须臾或缺。"富与贵,是人之所欲也;不以其道得之,不处也。贫与贱,是人之所恶也;不以其道去之,不去也。"不能为了求得一官半职和荣华富贵而牺牲自己的政治理想和思想自由而去迎合权贵或统治者。儒家的思想强调要挺立自己的人格,要保持思想的尊严和自由,反对阿谀奉承,曲己从人,所以孟子说道:"富贵不能淫,贫贱不能移,威武不能屈。此之谓大丈夫。"

其实道家更是强调作为个体的人的逍遥或自由,庄子便是这样的一位楷模。据司马迁《史记·老子韩非列传》载:楚威王听说庄子很有学问,于是专门派人带了大量的钱财去请他作相。其时,庄子正在濮水河边钓鱼,他对来请他的人说:"千金,重利;卿相,尊位也。"但这好比祭祀用的牛一样,养了多少年,最后还是给它披上漂亮的衣裳,宰了送到太庙当祭品。到那时你虽然想做一头自由自在

即使身为皇帝,仍然可以在繁重的公务之余追求思考的乐趣。图为斯多葛派哲学家、罗马皇帝马可·奥勒留。他为后世留下的思想遗产是他的《沉思录》。

的小猪也不可能了。你还是快快走吧,请不要玷污我!我宁愿像一条鱼,在污泥中逍遥自在,自得其乐。我绝不为帝王们所束缚。我一辈子也不当官,以达到我自得其乐的志愿。从古至今的统治者们恐怕都不会喜欢庄子的这种不合作的态度,认为他是一个极端的利己主义者。这样来看庄子,显然是对庄子的极大曲解。不愿与统治者合作倒不是庄子自命清高,想逃逸社会,而是当时的社会非常黑暗,现实过于痛苦,人间充满着许多的不平,而统治者又过于强暴卑劣。"窃钩者诛,窃国者为诸侯。"这就是庄子不想与统治者同流合污的真正原因。更为重要的是庄子有自己的哲学思想。他关心的是人的存在的个体性,人的尊严、自主、自由是他的哲学思想的主题和实质。他清楚地意识到他作为一个个体的存在决不是实现帝王统治梦想的工具或手段。不错,人是必定要生活在社会之中,但人要获得真正的自由,他就必须要斩断自己与其他种种外在的世俗的功利性的东西的关系。庄子哲学思想已经触及到了思想的自由、自主、尊严这样重要的哲学问题。

　　思想的自由、自主是进行哲学思考的重要条件,但不是唯一条件。要能真正地进行哲学思考,我们还须要在自己心灵深处留存一块静土,要保持自己心灵园地的宁静和安详。保持心灵的宁静和安详的秘诀就在于要使自己的心境处于空灵的境地。首先是空,要空才能灵。所谓空是说,心不要受外界种种物欲的干扰,而不是像禅宗所说的那样心中不起任何念头,连"空"的念头也没有。我们说过,思想具有自主性,思想是思想的主人。如果我们受物界的扰乱,听凭物欲流行,我们也就失去了思想主人的地位,沦为了物界或物欲的奴隶。物界是永远不会沉寂的,它始终是那样的喧嚣、嘈杂、浮躁,充满了种种物欲。诚如老子所说:"五色令人目盲,五音令人耳聋,五味令人口爽。"这就是说,过多地追求物质生活的享受,会使人眼瞎耳聋,口味败坏。如果一味随顺物界浮沉,那么我们也就必然不能感受生活的趣味。要能享受和领略生活中的趣味或乐趣,我们一定要保持自己心境的宁静。你的心境越宁静、越空灵,那么你也就越感觉不到物界的喧嚣浮躁。不但如此,你还会有这样的感觉,即物界越喧嚣浮躁,你的心境越是空灵。真可谓是"鸟鸣山更幽"。

那么如何才能保持心境的空灵呢？心静并不一定要逃逸深山空谷，将物界的喧嚣浮躁人为地置于脑后；也不一定要学佛家静坐参禅，念念思空。如果说逃逸深山空谷，在古代社会还能勉强行得通的话（其实也只有那些不愁吃喝穿住的士大夫才有可能），那么在现代社会这样的做法大有困难。更为重要的是，如果你不能真正做到心空，那么即便你逃逸深山空谷，也会是烦恼缠身，犹如吐丝做茧，越缠越紧，几无喘息松口气的余地。所以真正的心静只能内求于心。有朝一日要能够真正做到"身居闹市，一尘不染"，闹中取静，我们才有资格说，我们做到了心静。心不为物役，不为身役，即便身居闹市，即便在熙熙攘攘的人群中穿梭而过，你依然能够超越摆脱一切物欲的诱惑，悠然沉思遐想，你的心中便会蓦然感受到一道思想之光的闪烁，无穷妙悟奇想随之源源而来，于是生活中的无穷乐趣惬意就会降临你的心田。相信，你们在生活中都有过这样的体验。

一般而言，这样的乐趣惬意或妙悟奇想在我们的心中都是转瞬即逝犹如一道闪光。如何使它们永驻我们的心田呢？或者说如何才能成功地使我们的心经常地或永恒地保持宁静，永远地保持安静闲恬、虚融澹泊呢？道家的老子主张要做到此点就应该"涤除玄览"。他把人的心比做是一面最为深妙的镜子，称之为"玄览"。在他看来，要保持内心的最大的空虚，最确实的宁静，就要把这面最深妙的镜子打扫得干干净净，这样万物就都会呈现在我们面前，使我们可以按照它们的本来面貌去认识它们。这就是他所说的："致虚极，守静笃，万物并作，吾以观复。"后来荀子讲"虚一而静"。虚就是不要让已有的知识来妨碍我们将要接受的知识,一是说不要使同时接受的不同的认识互相冲突。静就是不要让虚假不实的幻象、假象来扰乱正确的认识。荀子认为"虚一而静"非常重要,因为它可以使人们的头脑达到"大清明"的境界,能够使人们不为主客观的片面性所蒙蔽。他说:"虚一而静,谓之大清明。万物莫形而不见,莫见而不论,莫论而失位。"

其实在中国哲学思想史上,禅宗对于保持人们的心灵的宁静作了最为透彻的阐述。

禅宗讲"自性真空",是说心处于一种"空虚"的境地,绝对的虚空,连"空"的念头都不须有。禅宗指出,这种"空"的境地是靠人生而就有的一种认识自己本性的能力即良能或"灵知"。若有这种"灵知"就能"一刹那间,妄念俱灭,若识自性,一悟即至佛地"。这就是说,灵知在一刹那间领悟到自己的心本来就是空的,于是当下便可达到"佛"的境地。据载,五祖弘忍叫寺中众僧各作一偈,看谁对佛法领会得深刻,便将衣钵传给谁。上座弟子神秀作的偈是:"身是菩提树,心如明净台,时时勤拂拭,勿使惹尘埃。"当时寺中的行者慧能认为神秀的偈未见"本性",于是返回房中自作一偈,深夜贴在寺中的廊柱上。他的偈是这样的:"菩提本无树,明净亦非台,本来无一物,何处惹尘埃。"弘忍认为,慧能的道行要比神秀高,神秀没有看到"佛性"本来就是空的,于是悄悄地将衣钵传给了慧能,慧能后来成了六祖。

从佛家空宗的立场看,慧能的境界确实要高于神秀。但是我们

《三界》(埃舍尔,1955)

问:"三界竞起时如何?"
师曰:"坐却著。"
曰:"未审师意如何?"
师曰:"移取庐山来,即向汝道。"
——《祖堂集卷七·岩头》

认为,神秀的看法似乎更贴近于生活。而且人类历史的发展表明,神圣文化不断地在向世俗文化靠近。世界的真实性是不容否认的。如果没有世俗文化作为基础,那么神圣文化就会成为空中楼阁,久而久之,必然会走向消亡。所以宗教要能生存,就必须能够对神圣文化与世俗文化之间的关系做出令人心服的解释。把一切都看成是"空"的,而且连"空"的观念也不应该有,这在世俗之人看来是不可接受的,因此,我们认为,如果从常识的生活着眼,神秀的看法更易为我们所接受,或许能更加有效地用来解释我们到底如何在日常生活中保持宁静的心境。悟道成佛,保持心灵的宁静澹泊,其实大可不必去故意做作,大可不必逃离尘世,就是要在平常的生活中自然见道。所谓"春有百花秋有月,夏有凉风冬有雪,若无闲事挂心头,便是人间好时节",就是这种境界。当然我们并不必必得习禅,才能得到心灵的澹泊空灵。但是保持一份禅意在心头,使我们能以一种诗意的眼光来看我们生活于其中的世界,会使我们领略到生活的乐趣。

禅宗所说的心空不是要我们离开五光十色、喧嚣烦躁的物界而后才能得到,而是要保持心体的清净本性,使自心不粘滞于外物,在观照万事万物时不起心、不动念。禅宗修行的方法注重的是心不受外物的迷惑,这就是所谓的"无念"。慧能说:"于诸境上心不染,曰无念。"可见,"无念"不是"百物不思",万念俱灭,对任何事物都不思虑,而只是说在与物界接触时,心要不受外境的任何干扰,"不于境上生心"。"无念"的方法又可称之为"无住"(不执著)。这种方法要求对任何事物都不留恋,不执著。例如看到美色时,你尽可去看,不要闭着眼不敢去看,因为爱美之心人皆有之,不是吗?但禅宗认为,你当然可以看美色,然你的心不能滞留在美色上,不能在美色上着相。现在我们可以明白,慧能的看法是,如果你能做到心不粘滞于外物上,"外离一切相",那么你虽处于尘世之中却无牵无挂、无染无杂,来去自由毫无滞碍,精神上得到了彻底的解脱。因此"极乐世界"就在你的心中。但如果你执著于外物,不能做到"于诸境上心不染",心受外境的影响,追求形色声味,看到美色心中念念不忘,那么你必然会感到无限的烦恼和痛苦,这就是地狱。"前念迷即凡夫,后念悟即佛,前念着境即烦恼,后念离境即菩提。"重要的是心体本身的清净空灵。心空灵则放眼望去,一切都会显得那么的超逸、空灵、静谧……,总之妙趣横生。

这样的生活难道不使人飘然向往之吗?

请你看王维的诗句:

鹿　柴

空山不见人,

但闻人语响,

返景入深林,

复照青苔上。

鸟 鸣 涧

人闲桂花落,
夜静春山空。
月出惊山鸟,
时鸣春涧中。

山 居 秋 暝

空山新雨后,
天气晚来秋。
明月松间照,
清泉石上流。
竹喧归浣女,
莲动下渔舟。
随意春芳歇,
王孙自可留。

王维诗的创造在于刻画心境的空灵。由于心境是空且灵的,所以他所看到的景物虽然并不是空无所有的,但却也真切地透露出既空且灵的诗意境界。如果心是空且灵的,那么物界的流动溢彩更衬托出内心的空灵。你看,王维诗中不也有处于流动中的人语、竹喧、莲动、桂花落、清泉流、惊山鸟、鸟鸣吗?静本来就是相对于动而言的,没有动又哪来的静呢?要善于在动中取静,越动便也就越静。

我们在王维的诗中感觉到了盎然的禅意。在别的地方我们恐怕不能说,但对于王维的诗,我们却可以说,诗是哲学的语言,因为禅宗的哲学就是王维诗的灵魂或核心。因此,王维的诗不仅仅在其诗句里,诗是无所不在的,诗就在生活中,在人语中,在竹喧中,在桂花的下落的声音中,在清泉的流动中,在鸟鸣中……,总之只要是王维的诗所触动到的一切无不是诗,无不是美和生命,无不是空且静且灵的,就连王维本人也在他的诗中。

这里的关键是你要能真正地有一颗空灵静谧的心,那么即便是在喧嚷嘈杂的闹市中,也会得着生活的妙趣。心静也就自然一切皆静。你想要得到幸福的生活吗?你想领略生活中的无穷妙趣吗?你想要修养你的身心吗?你想在求学处事方面取得伟大的成就吗?那么你就必须有一种空且灵的心境。幸福的生活只有在静的心境中才能得到。生活中的无穷妙趣只有在静的心中才能领略。人的修养身心也只有在静的思想园地中才能达到一种很高的境界。至于学习处事更不能张惶失措,而需要你从容不迫地去应付。在现代社会中,尤其是生活在大都市里,人们都显得很忙碌,很疲劳,生活节奏快得使人喘不过气来。不过,千万不要忘了,一定要使自己有一片空灵的心境,一定要在忙里偷闲,在闹中求静。否则,你就会觉得生活怎么这样的苦不堪言呢?

以空且静的心灵来关照万事万物,万事万物便会呈现出种种意想不到的妙趣。这样空的心灵也就是灵的心灵。**空且静的心灵能使人达到一种极高的境界**。因为只有空灵的心境才能使我们按照外在事物的本来样子认识它们。否则,我们就会以己度物,把自己的思想或意志强加于外物,歪曲事物的本来性质。空灵的心境也可以使我们能够拥有宽广的心怀,博大的胸襟,正确地对待他人的思想或意见,与人和谐相处。

4　哲学就是爱智

我们曾经在上面说过,哲学是生活的艺术。人人都想过美好幸福的生活,都想领略生活中的无穷妙趣。那么现在要问的问题就是,哲学到底是怎么样来指导生活的呢?

毫无疑问,哲学源于生活,生活是哲学的源泉。离开生活就没有哲学,只有热爱生活的人,只有热爱生命的人,他们才会思索或考虑幸福生活的价值的含义,生命的真正意义是什么这样的哲学问题。我们曾经在前面说过,苏格拉底思考的正是这些问题。

谈到苏格拉底,我们就自然想起哲学在古希腊时期的含义。在希腊哲学中,哲学就是爱智慧。**智慧就是关于生活的艺术。**

苏格拉底在当时被认为是最有智慧的人。于是有人去特尔斐神庙求神谕,询问是不是有比苏格拉底更聪明的人。传达神谕的女祭司回答说:苏格拉底确实是最聪明的人,没有再比苏格拉底更聪明的人了。此神谕传到苏格拉底耳中,他感到大惑不解,因为他认为自己连小的智慧都没有,又何从来的大智慧呢?

为了证明神谕是错的,于是他走访了不少他认为是很有智慧的人。结果他发现,这些人都有某些方面的知识,但是他们却犯了一个共同的错误,以为自己有了某一方面的知识,便也就以为自己是无所不知,无所不能的。他认识到,他自己和这些人的真正的区别在于,他意识到自己是无知的,而那些人却不承认自己是无知的。于是苏格拉底从中悟出了神谕的真正意义在于告诉他:"真正的智慧是属于神的,神谕只是告诉我们,人的智慧是微不足道,没有价值。

古希腊的特尔斐神庙遗址。特尔斐神庙的神谕被公认为是关于事物真实本质的智慧源泉,古希腊人在那里放置了一块巨石以作为世界的中心,并把它看成神物。

在我看来神不是真的说我最有智慧，而只是用我的名字做例子，仿佛对我们说：人们中最智慧的就是像苏格拉底那样，认识到在智慧方面实际上是不足道的。"人只有承认自己是无知的，他才能发掘自己的理性能力向智慧过渡，从无知变成有知。在柏拉图的《斐德罗篇》中苏格拉底说，"我认为'智慧'这个词太大了，它只适合于神；但'爱智'这个词倒适合于人"，并认为"'爱智'是人的自然倾向"。可见，追求智慧应该是人的本性。人都应该有追求智慧的渴望和激情。这样的历史回顾告诉我们，智慧不是人所具有的，而是属于高高在上的超越的神的。

人虽然不具有智慧，但他们却具有追求智慧的本性、渴望和激情。这就是说，人是处在从无知通向有知的旅程之中。那么为什么追求智慧是人的本性呢？因为人人都在追求幸福美好的生活，而智慧是指导人们过上美好生活的艺术，所以智慧虽然是神的，但却内在于人们生活的目标中。

在英文中，爱智一词是"philosophy"。"philo"是"爱"，"sophy"是"智慧"。在汉语中没有与"philosophy"一词相应的词。我们现在通行的"哲学"一词是日本近代学者西周用来翻译西文的"philosophy"一词的。汉语"爱智"一词是对西文"philosophy"的直译，是比较接近于西文"philosophy"一词。"哲学"一词中的"哲"字的本意是"聪明、有智慧"，而"学"一字则有"学习""学问""学派、学说"等含义。根据对汉语"哲学"一词的语义分析，我们清楚地看出，"哲学"一词并没有准确、充分地表达尽"philosophy"一词的原意，遗漏了"爱"或"追求"智慧的含义。而"爱智"或对智慧的"追求"恰恰又是人的自然本性。这样我们就可以看见,在这一翻译的过程中遗漏的恰恰是作为"philosophy"本质即"爱"智这一最为重要的部分。

而且用"哲学"一词来翻译"philosophy"在没有学习过"philosophy"的人那里往往会引起误解,"学"字本来就有学派、学问等的含

七智者。在历史上,古希腊学校最先允许学生独立思考,进行探讨、争论和批评,而不是在老师面前亦步亦趋。知识由此得到了最为迅速的传播。人们认识到,批评和争论能够促成知识的生长。

义，于是便望文生义地把"philosophy"视作与其他的人文社会科学和自然科学并列的一门学科。如在我们这套"人文社会科学是什么丛书"中，"哲学是什么"是与"经济学是什么""人类学是什么""社会学是什么""文学是什么"等并列在一起的，仿佛哲学就是与其他学科并列的一门学科。

其实，这样的看法是一种误解。哲学不是与其他学科并列的一门学科。

当然，我们这样说并不是硬要把哲学视为科学的科学，把它看成是什么太上科学，要凌驾于一切科学之上。我们在此的目的仅仅是要给所谓的"philosophy"正名，了解它的确切的含义，以便比较准确地理解"philosophy"的性质。其实，根据我们所知道的苏格拉底对哲学的理解，所谓爱智的外在表现形式是知识。我们都知道，知识是可以分类的，比如在亚里士多德的时代，哲学即包含着物理学、伦理学和逻辑学这三门学科。但这三门学科都应该统属于"philosophy"或"爱智"的领域。现在学科的分类更要广阔得多，但不管如何广阔，所有那些我们可以叫得出名的学科如物理学、化学、生物学、数学、矿物学、语言学、社会学、法学、美学、历史学、考古学等等，也都应该是隶属于"爱智"的名下，它们都是人类追求智慧的结果。

我们同样也应该知道的是，智慧是不可分科治学的，是不能分类。刚刚跨入高等院校学习的学生都知道"哲学系"是与其他的比如"化学系""经济学系""中文系""历史系"等等并列的，随之也就把它看成是一门学科，这起码是对它的原意的一种莫大的误解。

通过上面的分析,想来大家应该对"philosophy"的性质有了比较准确的了解。总之,"哲学"一词相对于古希腊哲学来说并不是一个很好的译名。

但是由于"哲学"一词在国内已经取得了几乎一致公认的地位,所以要想用其他的什么概念来代替它是一件很困难的事情或者说是根本不可能的。因此,我们不得已而在此继续沿用这一概念,然而我们需要注意的是,在使用"哲学"这一概念的时候,我们必须要清楚它真正的含义是什么。也就是说,我们在说"哲学"这一词的时候,心里想着的应该是"爱智"。这就有点儿关公"身在曹营心在汉"的味道。但只有这样,我们才能够说比较地接近于哲学,才能比较容易地走入哲学的殿堂。

苏格拉底认为,智慧是神才具有的,而人所能做的是"爱智"。我们都应该知道的是,神显然不同于人。我们在此无意于分析人与神之间到底有什么样的本质差异。然我们都知道,神是超越的、高高在上的,而人的肉身则始终处在人世间。尽管如此,人却具有强烈的追求神的智慧的自然倾向。我们无意于在此讨论宗教神学的思想,所以我们大可把神理解为智慧本身,它/他高高地君临人间,指导人们去获取幸福的生活。

智慧是神的。《圣经》"创世纪"也认为智慧应该是属神的。"创世纪"说的是神用了六天创造了宇宙万物,在第六天按照自己的形象造了人。我们要注意《圣经》说,神用地上的尘土造人,然后向人的鼻孔里吹气。这就是说,人的躯体来自于尘土,而人的灵则来自神的气息。这个被造的人是亚当。神感到亚当会寂寞的,于是他趁亚当熟睡时从他肋上去下一块骨头与肉结合在一起造就了亚当的配偶,名叫夏娃。神在东方的伊甸开辟了一个美丽的花园,让亚当和夏娃看管。神对亚当说:"这个园子里有各种各样的树,它们的果子,你都可以吃。但唯有园子中央的那颗智慧树上的果子你不能吃。因为吃了那果子,你就必死无疑。"神走后,蛇立刻过来引诱夏娃说:"神说,你们吃了那颗智慧树上的果子后就会死。其实不一定。神不让你们吃,是因为你们吃了那果子后,就会有智慧,使你们眼睛明亮,知道善恶,这样你们也就会与神一样了,所以神不让你们吃。你们可以不理会神的话,尽可以去享受智慧树上的果子。"由于禁不住蛇的诱惑,夏娃偷吃了智慧果,也引诱亚当去吃。正当亚当快吃完的时候,神回来了。神喊道:"亚当你在哪里?"亚当答道:"我早就听见你在喊我,但我们不能出来,因为我们俩都赤身裸体,无法出来见你。"神知道,他们俩已经偷吃了智慧果,有了智慧,知道自己未穿衣服。人所能具有的智慧就是对自己的思想的自觉或对自己的精神生活的自觉。神因为人偷吃了智慧果而惩罚人,就把亚当和夏娃逐出了伊甸园,并对亚当和夏娃说,你们不能永生,必定会有死,而且必得终生辛苦劳作,遭受各种苦难。人获取智慧所付出的代价就是永远有痛苦。

人的居所不应该是伊甸园,所以被逐出伊甸园并不是人的不幸。人应该归属于属于自己的居所。与人生相伴随的种种苦难也不应该视为是神对人类的惩罚,而应看做是赐给人类的最好礼物。

试问,如果你根本就不懂得什么是痛苦,你又何从知道什么是真正的幸福呢?没有痛苦也就没有幸福。痛苦和幸福是一对孪生子,形影相伴,终生不离。在人遭受的种种苦难中,死亡无疑是最大的一种。如果你能够真正地参透生死关,视死如生,视生如死,生死为一条,那么你也就能够克服或超越一切的痛苦和灾难了。从无比的痛苦和灾难中走出来的人才会真切地体会到巨大的幸福感,才能真正理解什么才是幸福。从这样的意义上,我们又可以说,有了智慧我们才有可能知道幸福是什么。

智慧是属神的。因为我们偷吃了智慧果而具有智慧。虽然我们因了一种不太正当的方式而具有了智慧。但人的智慧还是不同于神的智慧。因此,还是苏格拉底说得好,与神的智慧相比,人的智慧简直是微不足道,毫无价值。我们虽然没有神的智慧,但追求智慧又是我们的自然倾向。智慧是神的,然而我们又不得不在神的智慧的指引下生活。太阳光是太阳发出的,它不属于人类中的某一个人。但人类全体却都在享受温暖的太阳。没有太阳,我们的个体生命会消失。正像我们生活在阳光底下一样,我们也在神的智慧的笼罩之下。

至此,我们看到智慧有两种,一种是神的智慧,另一种则是人的智慧。哲学所说的智慧是神的智慧,而不是人的智慧。按照苏格拉底的理解,神的智慧应该是超越的,是无限的,是无所不包的。而人所有的智慧则是有限的,只是关于某一方面的智慧。我们下面所要分析的就是神的智慧。人追求这种智慧就是力图从一种无限的超越的视角来观看或关注人自身的生活。"不识庐山真面目,只缘身

马萨乔笔下被逐出伊甸园的亚当和夏娃是对人类命运的某种隐喻:失去了上帝庇护的人类,最终必须自己承担生而为人的使命——对生命意义的探寻和生活道路的选择。

在此山中。"我们身在此时此世，不可能会对自己及自身所处的世界有全面深入的了解。要对这个世界有全面深入的认识和洞察，我们就必须脱离自身的狭隘性，学会从一种无限和超越的视角或观点来观照现实世界。这个视角或观点就是哲学所追求的智慧。

这种意义上的智慧，究其实质，就是中国哲学家庄子所说的"**道**"。道既是日月星辰、山川大地、花草树木、人类与社会的本源，又是观照万事万物的一种超越和无限的视角或智慧。如果有兴趣的话，你们可以抽空读一读《庄子》一书，我相信你们一定会很喜欢这本书的。这是一本奇书，书中处处洋溢着中国哲学的智慧。苏格拉底不是说有神的智慧，有人的智慧吗？他认为，在神的智慧面前，人的智慧微不足道。其实，在《庄子》一书中也有这样的区分。如果你不信的话，你可以翻翻《庄子》一书的《秋水篇》，其中有"以道观之"和"以物观之"的说法。"以道观之，物无贵贱。以物观之，自贵而相贱。"这是说，从"道"的观点来看，万物之间是没有什么贵贱之别的，但如果从"物"的观点来看则不一样，物总是认为自己是贵的，别的物是贱的。"以物观之"说的就是人的智慧，"以道观之"则类似于苏格拉底所说的神的智慧。

"以物观之"得到的知识是小的知识，是有局限的，更为重要的是它们是思想冲突产生的原因。你看，儒家和墨家之间的争论，都以为自己是对的，对方是错的，"以是其所非而非其所是，欲是其所非而非其所是"。以自己的观点来否定别人的观点。比如我与你辩论，你胜了我或者我胜了你，你一定是对的我一定是错的吗？或者说我一定是对的你一定是错的吗？在这样的情况下，即使请第三者来也无法判定谁是谁非。这真是"此亦一是非，彼亦一是非"。那么究竟是谁对谁错呢？有没有一个统一的标准呢？庄子认为站在"以物观之"的立场是找不到这样的标准的。他指出，在这样的立场上标准不但找不到，而且只能使是非纷然杂陈，使人莫衷一是。甚至最后连人究竟是在做梦还是醒着也在疑问之中。庄子不是讲过这样的一个寓言吗？"昔者庄周梦为蝴蝶，栩栩然蝴蝶也。俄然觉，则蘧蘧然周也。不知周之梦为蝴蝶与？蝴蝶之梦为周与？周与蝴蝶，则必有分矣，此之谓物化。"此一寓言另有深意在，即人能否提供一个客观的标准来划清梦与醒之间的界限，这一问题是真正的哲学问题。似乎至今我们还未能解决这一问题。从这也能看出人的智慧是有局限的。所以庄子建议我们不要斤斤于人所具有的小的智慧，应该痛下决心抛弃"以物观之"的视角，另找出路。出路何在？

其实，庄子早就给我们预设好了答案，这就是采纳"以道观之"的视野。现在的问题就是究竟什么是"道"。庄子认为，"道"不是思辨的对象，也不是语言所能把捉到的，当然更不是感觉的对象。这就告诉我们，我们不能说"道"是什么。说这是什么，有点西方的味道，或现代的味道。说"道是什么"有点像苏格拉底在与人讨论问题的味道。我们说"道"是什么，那么这也就意味着"道"肯定又不是什么。所以说"道是什么"是从"以物观之"的角度提出的问题。这在庄子看来是"小知"或是人的智慧。"道"不可言说或讨论，却能够为人所体会或领悟。我们且看庄子是如何来描绘"道"的：

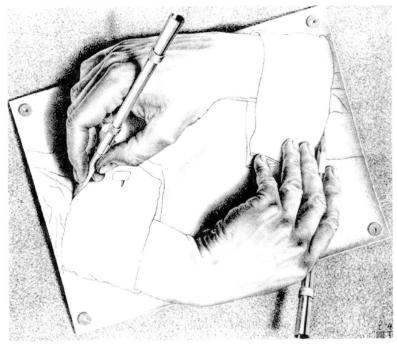

《画手》(埃舍尔,1948)

在埃舍尔的这幅石版画中,两只手既是对方的创作者,也是对方的作品。是左手在画右手,还是右手在画左手?这是个问题。倘若左手具有意识,在它沉浸于对右手进行精湛勾勒时,是否知道,自己也不过是右手的作品而已?以我们常人想来,一只手要想画另一只手,它就必须要先于另一只手而存在,因而不可能是另一只手的作品。然而实际上并不是左手在画右手,也不是右手在画左手;而是埃舍尔在画这幅名为《画手》的诡异的图。

埃舍尔的这幅作品的哲学意涵与庄周梦蝶的典故有异曲同工之妙。是否,不是庄周梦蝶,也不是蝶梦庄周;而是梦者另有其人,周与蝶俱在其梦中?又或是,这人也在另一人梦中,而另一人又在另一个梦中,如是无穷?

夫道,有情有信,无为无形;可传而不可受,可得而不可见;自本自根,未有天地,自古以固存;神鬼神帝,生天生地;在太极之先而不为高,在六极之下而不为深,先天地生而不为久,长于上古而不为老。

可见,庄子的"道"真有点神秘兮兮,要理解它,你还真得要费点思量,要求你有很好的根器。相信你有这样的根器。庄子指出,道是真实的存在,你可以感受到,却见不到,触摸不到;它是万事万物本源,它自己却不是源自他物的;道在时空上是无限的,是没有边际的。在这里,道显然有形而上的性质。

庄子所说的道不但是形而上的,而且也是形而下的,是无所不在的,存在于万事万物之中。

东郭子问于庄子曰:"所谓道,恶乎在?"

庄子曰:"无所不在。"

东郭子曰:"期而后可。"

庄子曰:"在蝼蚁。"

曰:"何其下邪?"

曰:"在稊稗。"

曰:"何其愈下邪?"

曰:"在瓦甓。"

曰:"何其愈甚邪?"

曰:"在屎溺。"

总之,道是"无所不在"的。它在一切之上,又在一切之中。如果说道是一,那么一即一切,一切也即是一。道是万事万物的源泉,它既是物质的,也是精神的。它既是万物的根源,当然也是人的本源。而人的伟大是由于他有思想,有智慧,而人的思想和智慧按照庄子的观点来看显然是源于宇宙的最高存在,是人得"道"之精华而成的。庄子主张要"以道观之",就是要从道或智慧的角度来观照万物,那么这个世界及其中的事事物物就会呈现出不同的意义和价值。庄子认为,儒墨各以自己的是非来否定对方的是非是不对的。如果能"以道观之",那么我们就能认识到,万事万物都是"道通为一"的。也正因为如此,我们也就没有必要强调是非、生死、梦醒、你我等等之间的区别。这些区别都是个人中心主义或人类中心主义的产物,所以我们没有必要为了某些莫须有的利益而勾心斗角。"以道观之",就能齐生死,一夭寿,而万物不足以扰乱其心。

由于道既是超越的无限的,又是无所不在的,所以要能真正做到"以道观之",就必须既出世而又入世。有人曾经这样来描写宋明的新儒家,说它:"不离日用常行内,直到先天未画前。"其实早在宋明前的庄子就很好地把这两者结合了起来。这是一种很大的智慧。道是一种智慧,它具有超越性,然它又潜寓于事事物物之中。所以每一事、每一物都有智慧。能够把这两者很好地结合起来的典范就是《庄子》一书第一篇中的大鹏鸟。

大鹏鸟"抟扶摇而上"飞临九万里的高空,再从九万里高空来俯视这个世界。我们所处的物质世界是基础,但我们的思想、精神不能局限于这样的物质世界。思想和精神要想获得真正的自由就必须超越这个现实的世界。而且不但要超越这个世界,我们还必须提升这个世界,使人的世界一层一层地向上无限地提升。这样子提升的理论顶点是庄子所说的"寥天一"。这样的宇宙顶点并不是实际能够达到的,而是无限上升的理论上的极限。

从这样的理论上的顶点来观照我们这个世界,也就是庄子所说的"以道观之",即从道的观点来观照人间世。道就是超越的无限的智慧。中国现代思想家方东美对于庄子的这一思想有很精到的论述。他常常对有兴趣学习哲学的学生们说:"学哲学的人第一课先要请他坐一次飞机。平常由常识看法,吾人生在人间世,但对人间世并没有充分的了解。甚至生在此世,对世界也不知欣赏只知诅咒,便由痛苦经验去误解、诅咒世界,认定它为荒谬。在飞机上,由高空俯视,所谓黑暗痛苦的世界,却有许多光明面。我曾经五次在美加交界的大湖区,由两万尺以上高空再俯视人间世,看到世界周遭被极美丽的云霞点着。成为一个光明灿烂的世界,这种美满的意象,正如 heaven on earth(天国临于人间)实现了。"显然,方东美的这一说法来自庄子的大鹏鸟抟扶摇而上的比喻。于是方东美接着说:"关于这点,庄子很清楚,他的精神化为大鹏,抟扶摇而上者九万里,在未上之前,昂首天空苍苍茫茫,而一上之后再俯视此世,由时

庄子的世界:"形在江海之上,心存魏阙之下,故寂然凝虑,思接千载,悄然动容,视通万里。"(《庄子·让王》)

空相对的观点看来:'天之苍苍,其正色邪?'……其视下也,亦如是而已矣。因此人间世亦是美丽的,这可以纠正我们对世界的误解。尤其今天太空人已经指点出了,吾人在地球上看月亮(尤其中秋节),便以种种诗的幻想去;但是太空人身临其境,看月亮只是荒土一片。反之,由太空视地球,却是五颜六色、辉煌美丽。学哲学的人只认识此世之丑陋、荒谬、罪恶,就根本没有智慧可言。应该由高空以自由精神回光返照此世,把它美化;在高空以自由精神纵横驰骋,回顾世界人间,才能产生种种哲学和智慧。"

"以道观之"才能形成宽广博大的胸怀,才能具有高瞻远瞩的眼光,才能怀抱见微知著的智慧。若如此,这个世界必然具有不同的气象和意义,我们的人生也必然富有特别的情趣和价值。

苏格拉底就是一个极富智慧的人,因此他对生活有着不同于众的看法。所以生活对于他也呈现出不同的意义和价值。我们都知道他有个强悍暴烈的妻子,常在家中当着苏格拉底的面作河东狮子吼。有一次在众目睽睽的市场上,他的妻子把他的大衣从他的身上硬是扒了下来。又有一次,苏格拉底的朋友来他家做客,他的妻子不知为了什么突然大怒,暴跳如雷。无奈之下,苏格拉底和他朋友们只得离家出走。可是刚走出家门,她的妻子就从窗户泼出一桶脏水。如果你碰到此类尴尬的事肯定会暴跳如雷,甚至会恶语相加。但苏格拉底却很幽默地说:"我刚才不是和你们说过吗?闪电过后必有暴雨。"试想如果我们的家中有这样一位妻子,我们该怎么办呢?整天吵架?如果是这样的话,长此以往家将不成其为家,最终不但得不到生活的幸福,而且我们的身体也会因此变坏。离婚?这倒是很干脆的做法。问题却在于,离婚之后,如果很不幸,找到的第二位妻子也是性格暴躁强悍的女人,那么你又该怎么办呢?还是离婚?真这样,那么你的生活幸福又在何方呢?苏格拉底与我们不一样。他既不吵架,也不离婚。他运用哲学家的智慧来看这一棘手的问题。他认为,强悍暴烈的妻子正好成就了他这一位哲学家,可以迫使他离开家去雅典的大街小巷到处拉着过往的行人讨论他极感兴趣的哲学问题。所以我们现在还真应该感谢苏格拉底的妻子造就了历史上这样一位伟大的哲学家。如果真是没有了这样一位女人,一部西方哲学史可能要大大地变样。

其实,哲学家的智慧不一定哲学家才具有,有的文学家也是极富智慧的。如俄国作家契诃夫就是这样的一位。他就曾经说过,幸福的生活并不仅仅意味着娶一个漂亮的女人,中几十万元的彩票,

苏格拉底的悍妻。似乎历史上有不少名人身后的女人都口碑不佳,苏格拉底当然是最典型的范例,还有一个例子就是美国总统林肯。据说林肯夫人性情暴躁,情绪反复无常,在大儿子战死之后更是到了歇斯底里的程度,给林肯带来了极大的烦恼和痛苦。但某种意义上似乎也可以说,这样的关系成就了他们伟大的心胸,容得下全人类,也容得下不完美的伴侣。

有个好人的名声,等等。光有这些是远远不够的。因为这些福分是无常的,所以为了不断地感觉到幸福,甚至在苦恼、愁闷、痛苦的时候也感到幸福,那就需要从智慧的眼光来看生活。

比如说有很穷的亲戚上别墅来找你,那你也不要脸色发白,而且要喜气洋洋地叫道:"挺好,幸亏来的不是警察。"

又比如说要是你的妻子对你变了心,那你也要感到高兴,多亏她背叛的是你,不是国家。

又如,要是你给送到警察局,那同样你应该感觉到幸福,因为多亏了没有把你送到地狱的大火里去。

当火柴在你的口袋里燃烧起来，那么你应该感到高兴，而且要感谢上苍，多亏了你的口袋而不是火药库在燃烧。

要是你的手指头扎了一根刺，那你应当感到高兴："挺好，多亏这根刺不是扎在眼睛里！"

要是你有一颗牙痛起来，也应该同样地感到高兴，幸亏不是满口的牙都痛起来了。

如此等等，以此类推。契诃夫指出，如果你能用这样的眼光来看生活，那么你的生活就会总是欢乐无穷了。

契诃夫的这一段话是对那些企图自杀的人说的。自杀是由于对生活感到绝望，是由于思想找不到出路，无法解开心理上的死结。为什么要自杀呢？你完全可以换一种思路来看你的生活。

苏格拉底和契诃夫就是运用哲学的智慧为我们指出了理解生活的新的理路。当在生活中感觉到无穷的苦楚，痛苦万状，山穷水尽疑无路之时，你应该企求哲学的智慧，它有足够的力量使你顿时感觉到"柳暗花明又一村"。

可见，幸福生活是需要有智慧之光的指引才能得到。哲学智慧能够为我们提供一条理解人生的新的思路或新的视角。倘若没有哲学的智慧，也就没有人能够有幸福的生活。哲学智慧是我们的寓所，在这样的寓所之中，我们才能得到幸福的生活，才能欢享真正的自由。在这样的寓所中，我们自由自在，我们无拘无束。智慧的特征是喜悦、欢乐、幸福、愉悦。这种深沉而平静的喜悦是智慧所结的首要果实。智慧的寓所谁都可以进入，只要你具有哲学的洞见和慧根,智慧渗透于哲学的洞见之中。不错,智慧是道,是神的特性,但我们人具有追求智慧的自然倾向。如果说道是"无所不在",那么智慧应该是属于人类的财富。其实,一部人类的文明发展史确凿无疑地告诉了我们,如果人类没有追求智慧或哲学智慧的无穷的激情和无比的坚毅,我们的世界就不可能繁衍生息直至如今,或者说我们人类根本就不可能有什么历史。所以,是历史告诉了我们,智慧或对智慧的追求在维持着这个世界。智慧是人类历史发展的"源头活水"。

问题是我们究竟如何才能得到智慧呢?这才是一个带有实质性的问题,可能也是大家最为关心的问题。是的,我们怎么样得到智慧呢?根据西方哲学,我们是肯定得不到智慧的,因为智慧是神的。但你不要因此而灰心,人是神造的,因此人也应该逻辑地或先天地赋有神的某些特性。所以我们并不是生活在智慧之外,我们和智慧之间并没有一道不可逾越的鸿沟。而且西方哲人也同样明白无误地说,人人都有追求智慧的自然倾向。这也就是说,人在邀请智慧进入自己的内心,在自己的心灵深处营造一个幸福、安详、静谧的家。根据中国哲学,尤其是庄子哲学的精神,道或智慧既是超越的,也是内在于事事物物之中的。这倒并不是说,道也内在于事事物物,我们就能不费吹灰之力顺手牵羊地获取道或智慧。

怎么得到智慧或道呢?追求智慧的过程中我们会得到知识,所以我们可以通过知识而接近于智慧。但你要知道,知识只不过是追求智慧过程中的阶段性的产品,还不是智慧本身。这就清楚地告诉我们,理性固然是追求智慧的重要工具,但不是唯一的,也不是最重要的。我们要学会运用我们的耳朵去听,要敞开我们的整个胸怀,运用我们的整个身体、整个心灵、整个的生命去感受,去听,去探索,即一个人的整个存在都在听,在感受,在寻找,在探索。

"道"就是智慧,智慧是超越的,智慧也在人间。每一个人的生命中都有道在其中,或者说我们每一个人都生活在道或智慧之中。因此每一个人都可以进入智慧之中。但有人觉悟到道或智慧是他的生命;有人却执迷不悟,日用不知。这就是觉和迷之间的区别。哲学是幸福生活的艺术,人人都把幸福生活视为目标。但有人得到

海德格尔漫步于他的林中路上。"也许多少年后在某个地方/我将轻声叹息将往事回顾/一片树林里分出两条路/而我选择了人迹更少的一条/从此决定了我一生的道路。"(罗伯特·弗洛斯特)

幸福,有人却得不到。如果你没有实现过幸福生活这一目标,这就表明你的生活方向有问题,你还没有自觉到道就在你的生命中,还不能自觉地运用道或智慧来审视你的生活。你没有体验到潜寓于你身心中的道或智慧就是你的生活之道。

其实,智慧就是一条道路,所以哲学也是一条道路,是一条既在我们面前无穷地绵延,也在我们身后不尽地伸展的道路。我们过去是,现在是,将来也必定要行进在这条道路上,只要我们始终把幸福生活看做是我们人生的目标的话。我想海德格尔是对的,因为他就曾经说过哲学是一条道路。他说:"'哲学'一词现在说的是希腊语。这个希腊词语作为希腊词语乃是一条道路。这条道路一方面就在我们面前,因为这个词长期以来已经先行向我们说话了。另一方面,这条道路又已在我们后面,因为我们总是已经听和说了这个词。因此,希腊词语哲学是一条我们行进于其上的道路。"只要我们在学习哲学,我们就在这条路上行走,所以学习哲学,按照海德格尔的说法就是"上路"。你做好了"上路"的准备了吗?如果你已经做好了这样的准备,那么就让我们开始我们的哲学之旅吧?敢问学习哲学之路在何方?路就在我们的脚下。学习哲学的最好的路就是了解哲学史上的哲学家在探索和讨论些什么样的哲学问题。

三

哲学的问题

　　终不能解决的,除非人类的才力变得和现在完全不同了。宇宙是否有一个统一的计划或目的呢?抑或宇宙仅仅是许多原子的一个偶然的集群呢?意识是不是宇宙中一个永久不变的部分,它使智慧有无限扩充的希望呢?抑或它只是一颗小行星上一桩昙花一现的偶然事件,在这颗行星上,最后连生命也要归于死灭呢?这些问题都是哲学所设问的,不同的哲学家有不同的答案。但是不论答案是否可以用别的方法找出来,看来,哲学所提出的答案不是可用实验证明其真确的。然而,不论找出一个答案的希望是如何的微乎其微,哲学的一部分责任就是继续研究这类问题,使我们觉察到它们的重要性,研究解决它们的门径,并维持对于宇宙的思考的兴趣于蓬勃不衰,如果我们局限于固定的肯定的知识,这种兴趣是很容易被扼杀的。

——罗素

对瑞士艺术家费迪南·霍德勒来说,哲学不应该仅限于书斋或课堂,他笔下的这位手艺人哲学家正陷入沉思。

1　哲学问题兼具特殊性和共性

我们已经说过,了解"哲学是什么"的一条最佳途径就是看看历史上的哲学家所关心的问题究竟是具有些什么样性质的问题。

我们在前面曾经说过,"这是什么?"或"那是什么?"这样的问句形式是哲学的。这样的发问方式首先是由苏格拉底、柏拉图和亚里士多德发展起来的。他们经常问的问题就是"美是什么?""善是什么?""勇敢是什么?""正义是什么?"等等这一类的问题。

提出了问题,我们就得回答。比如说我们要回答"美是什么?"这一问题。只要你翻翻任何一本美学史的教科书,那么你就会发现关于"美"的看法是仁者见仁、智者见智。我们暂且抛开关于"美是什么"的不同看法,而先来看看黑格尔关于美所下的定义。黑格尔说道:"美是理念的感性显现。"

这一回答实质上是在给美下定义。

按照苏格拉底的看法,定义是由属加种差来完成的。比如我们要问:"人是什么?"其实,这一问题说难也难,说不难也不难。人是什么?人不就是能够制造和利用工具的动物吗?且不管这一定义的正确与否。我们关心的是给人下定义的方法。其中"动物"是属概念,它包含着"人"这一概念。而"能够制造和利用工具"则是种差。我们都知道这种定义方法的发现应该归功于苏格拉底,是他探索哲学问题时经常运用的哲学方法。

对于某一问题给出明确的定义并不是一件容易的事。它需要经历一个漫长的思想探索过程。如苏格拉底与当时一个叫做欧提德穆斯的青年讨论"什么是正直?"便是这样的一个很好的例证。有一天苏格拉底碰到了他的这一位年轻的朋友,他们也就很随便地聊了起来。慢慢地话题转到了"正直"这一问题上,于是苏格拉底首先问道:

苏格拉底:但是,必然有某些行为真正出于正直,正如出于其他职能和技巧一样。

欧提德穆斯:毫无疑问。

苏格拉底:那么,你自然能够告诉我那些行为是什么?出于正直的是什么?

欧提德穆斯:我当然能够,而且我还能告诉你出于非正直的是什么。

苏格拉底:很好,让我们在相反的两行中写出什么行为出于正直,什么行为出于非正直。

欧提德穆斯:我同意。

苏格拉底:好吧,虚伪怎么样?虚伪放在哪一行?

欧提德穆斯:当然放在不正直那一行。

苏格拉底:欺骗呢?

欧提德穆斯:放在同一行。

苏格拉底:偷盗呢?

欧提德穆斯:也放在那里。

苏格拉底:还有奴役吧?

欧提德穆斯:是的。

苏格拉底:没有一样这类事情可以放在正直的一行吗?

欧提德穆斯:唔,要是那样搞,可没有听说过。

苏格拉底:好啦。但是,如果一个将军必须惩处那极大地危害了他的国家的敌人,他战胜了这个敌人,而且奴役他。这不对吗?

欧提德穆斯:当然不能说不对。

苏格拉底:如果他运走了敌人的财物,或者在战略上欺骗他。这种行为怎么样?

欧提德穆斯:噢,自然完全正确。但是,我想你刚才要谈的是欺骗或错待朋友。

苏格拉底:那么,在某些情况下,同样的行为就得分写在两行里,是不是?

欧提德穆斯:我想是这样的。

苏格拉底:好,现在就让我们来专门讨论对待朋友的问题吧。假定一位将军所统率的军队已丧失勇气,又分崩离析。如果他告诉他们生力军即将到来,欺骗他们相信他,使他们鼓起勇气,取得胜利。这种欺骗朋友的行为怎么样?

欧提德穆斯:唔,我想我们也得把这个写在正直的一边。

对苏格拉底的全新描绘至今一直没有停止过。这幅创作于1897年的画描绘了他在雅典的大街上行走。

苏格拉底:假定一个孩子需要吃药,可又不肯吃。他的父亲欺骗他,使他相信药是好吃的。哄他吃了,救了他的命。这种欺骗怎么样?

欧提德穆斯:那也得归入正直的一边。

苏格拉底:假定有人发现一个朋友处于极端疯狂的状态,怕他自杀,偷走他的剑。你怎么看待这种偷盗?

欧提德穆斯:那也得算作正直。

苏格拉底:但是,我想你是说过不能欺骗朋友的吧?

欧提德穆斯:噢,请让我全部收回。

苏格拉底:很好。但是,还有一点,我想问你。你认为一个有意破坏正直的人比一个无意破坏正直的人更不正直吗?

欧提德穆斯:哎呀,苏格拉底,我对我的回答已经失去了信心。因为整个事情已经变得同我原来想象得恰好相反。

我们之所以不厌其烦地大量地运用苏格拉底的对话,本意是要让大家明白苏格拉底是如何从特殊的事例中引申出一般的定义的。这种从特殊向一般性的东西过渡的办法就是我们通常叫做归纳的方法。现在我们也同样可以清楚地看到,得出定义的方法也是哲学的方法。

"这是什么?"或"那是什么?"的问句形式是哲学的,对这一问题所给的定义也是哲学的,得出定义的方法也是哲学的。

在日常生活中,我们经常看到某些并不熟悉的东西,或者有些东西我们看不清,这时我们就会问道:"这是什么呀?"比如在春暖花开的季节,我在公园中散步。公园里当然有各式各样的树木,有的是我认识的,有的是我所不认识的。我看到了一棵不认识的树。于是我就指着它问你:"这是什么?"你看了那棵树一下之后告诉我:"那是一棵树。"我接着问:"那是一棵什么样的树?"你答道:"那是一棵油松。"就上述的问题来说,其主题不是哲学,但其问题的形式却具有哲学的性质。说这一问题的内容不是哲学的,是因为这样的问题涉及的是经验性的内容。它问的是在某一特定的时间和地点我们所看到的某一特定的对象。这一问题的形式却不是经验性的。为什么呢?我问:"这是什么?"你答道:"这是一棵树。"在你的回答中的"这"是经验性的,是特指某一个东西,而不是任何别的什么东西。也就是说,"这"具有特殊性。所谓的特殊性是说这种性质只有某一个东西所具有,而任何其他的东西是没有的。在我们的问题中的"这"是存在于特殊的时间和空间中的。总之,"这"是一个特指的单数,或某一个东西。在你给我的答案"这是一棵树"中的"树"的性质却是很复杂的。它不具有特殊的性质,而是具有普遍性的概念或一个类。既然你用"树"来回答"这是什么?"这一问题,那么"树"必须是在我们俩之间或在更多的人之间具有都能明白的性质的东西。能够具有这样性质的只能是一般性的东西,这就是类或概念(类或概念是有区别的,在此我们不做这样的区别)。因为"树"可以用来概括任何一棵是树的东西。不管是松树、杨树、柳树、桦树等等,只要是树,那么它们肯定是逃不出"树"的范围。

这真有点像孙悟空逃不出如来佛的手掌。如果说"这"只适用于某一个特定的对象,那么"树"却适用于任何一个只要是树的对象。这就是说,在你给我的答案"这是一颗树"中的"树"具有普遍性,它涵盖了一切是树的对象在内。"这"是特殊的,"树"是普遍的或一般的。通过这样的分析,我们就能够清楚地看到,在一个看上去很简单的日常问题及其答案中就蕴涵着一个十分重要的哲学问题。这个问题就是一般和个别的关系问题。列宁说得对,"从最简单、最普遍、最常见的东西开始,从任何一个命题开始,如树叶是绿的,伊万是人,哈巴是狗等等。在这里(正如黑格尔天才地指出过的)就已经有辩证法:个别就是一般。这就是说,对立面(个别跟一般相对立)是同一的:个别一定与一般相联而存在。一般只能在个别中存在。只能通过个别而存在。任何个别(不论怎样)都是一般。任何一般都是个别的(一部分,或一方面,或本质),任何一般只是大致地包括一切个别事物,任何个别都不能完全地包括在一般之中等等。"

总之,**日常生活中的任何一个问题及其答案都包含有一般和个别这样的哲学问题在内。**

我们问:"这是什么?"的真实含义是想知道"这"是哪一个类的东西或是属于哪一个领域的。可见,问题本身就蕴涵着个别和一般的关系问题。有问题就要有答案。针对着"这是什么?"的问题,你回答说:"这是一棵树。"答案也就明确地揭示出了问题中所蕴涵着的一般和个别的关系。要想知道任何一个特殊的东西,我们就必须要能够知道这个特殊的东西和一般的东西之间的关系。所以,任何一个明确的问题尤其是哲学问题都蕴涵着一般和个别的关系,要回答问题更尤其要能够揭示出一般和个别的关系。明确了一般和个别的关系,我们才有可能解答任何问题。

上述的分析告诉我们,哲学离我们的生活并不遥远,它/他就在我们的生活中,与我们的生活和生命休戚相关。这一分析也告诉了我们,日常生活中的问题是时时处处都蕴涵着深刻的哲理。英国哲学家卡尔·波普尔也持同样的看法。他指出:"所有的人,无论是男人还是女人,都是哲学家。假如他们没有意识到有哲学问题,他们至少怀有哲学成见。其中大多数成见是他们未经考察就接受下来的理论:他们从其智力环境或传统中吸收了这些理论。"他又说:"所有哲学都必须从可疑的并且常常是有害的未经批判的常识开

卡尔·波普尔(1902—1994),批判理性主义创始人。在他看来,可证伪性是科学的不可缺少的特征,科学的增长是通过猜想和反驳发展的,理论不能被证实,只能被证伪,因而其理论又被称为证伪主义。

始，其目的是要达到澄明的、经过批判的意识，达到一种更接近真理并对人类生活更少有影响的常识。"哲学问题始终是与人类相伴随的。我们带着问题来到这个世界之上，也带着更多的困惑离开这个世界。人的本质似乎在于不断地提出问题，不断地思索问题，解决问题。我们就处于这一无穷无尽的探索思考的过程之中。诚如歌德的《浮士德》所描写的那样，浮士德的内心深处是一颗躁动不安的灵魂，他永远处在无穷的探索过程之中，这就是他来到这个世界的命运。

2 语言能准确地表达哲学问题吗？

其实对上述的问题，我们还可以做更深入的哲学式的分析或挖掘。我们在前面早已讲过，有思想的人才有问题。没有思想的存在不可能提出问题。这就揭示出，问题源于思想，是在思想中产生的，是我们对外界或我们自己内心的某些现象感到迷惑不解而形成的。如果你是一个善于用思想的人，你就能进一步发现一个更有趣也更令人迷惑不解的现象。我们在思想中形成了问题，就要提出问题，分析问题，解决问题。自己解决不了，就得求别人的帮助，征求别人的意见。现在我们想要问的问题就是，你们是怎么提出问题的呢？这似乎不应该是一个问题吗？我们当然是借助于语言而提出问题。我们也是借助于语言来分析问题、交流问题的。于是，现在的问题是,我们对早已习惯了的语言的性质有真正的了解吗？语言能够帮助我们准确地表达问题吗？语言是否会扭曲我们的问题或我们想要表达的对象？通过语言,别人能够准确地理解我所提出的问题吗？等等等等。经过研究,很多哲学家认为,我们生活中的很多问题之所以不能得到解决的一个根本原因就是由于语言,或者说我们生活中或思想中的很多问题就是由于语言引起的。经过对语言的研究和分析,我们或许可以澄清许多问题。这一领域内的问题现在我们不予讨论。在此,我们只是想提出些问题来讨论。

明白了我们的问题必须经由语言的帮助才能提出、才能讨论和分析。那么下面我们就来分析"这是什么？"这一类的问题。

让我们还是回到"这是什么？"这一问题。

当我们看到一只鸟,而且还是一只棕色的鸟的时候。假如我问你："这是什么？"你自然会说："这是一只棕色的鸟。"我们会当然地认为,我们所看到的就是这只特殊的棕色的鸟。我们之间的一问一答是借助于语言进行的,这是没有问题的,但真正的问题却产生在这个看似没有问题的地方。这个问题就是,语言能否真正使我们得到外界的这一特定的对象？平时我们不认为这是一个问题,但这确确实实是一个问题。不是我们在此故意耸人听闻,混淆视听。我们且先听听历史上的哲学家是怎么样来讨论这一问题的。

19世纪末20世纪初,英国有一个著名的哲学家叫做布拉德雷。他认为,语言并不能帮助我们得到外界的真正的特殊个体。

比如当我看到一只鸟栖息在树枝上,我要问"这是什么？"必须

布拉德雷(1846—1924),英国哲学家,逻辑学家,新黑格尔主义的代表。

借助于语言。我要描绘它,我也必须要借助于语言。在这样的情况下,语言所描绘的对象毫无疑问是特殊的、孤立的。这应该是不会有问题的。但布拉德雷不这样看。他说,我们决不可能描绘或谈论特殊的或孤立的事件。而且,更有甚者,他认为根本就没有什么孤立的特殊的事件。英国哲学家瓦尔海姆在《布拉德雷》一文中这样分析布拉德雷的思想说:

> 设想我站在田野里,看到一只棕色的鸟,我便说:"这鸟是棕色的。"在这里,我确实是在描述某种特殊的、孤立的事实。并且在正确地描述它。但是,在布拉德雷看来,事情并不是如此清楚的。因为有许许多多的鸟,其中有很多不是棕色的,有

些是黄色的,有些是黑色的,有些是白色的,有些则具有非同一般的奇异颜色——我的判断似乎要涉及所有的这些鸟,而对绝大多数的鸟来说,这个判断是错误的,要使这个判断成为特殊的并且是真的,我就必须使它用来准指正从头上飞过的那个现实的鸟。

我究竟能不能做到这一点呢？我们可能会认为,有一个办法可以保证所企望的唯一性,这就是在我们的判断中加上许许多多关于这只鸟的描述。虽然布拉德雷也承认这些描述会在正确的方向上有所前进,然而它们永远也不可能把我们带到目的地。因为不论我们加上什么样的描述,总可能有另一个鸟也适合于我们的描述。因而这个此时此地的鸟并没有被单独地挑出来。语言的普遍性乃是我们失败的原因(艾耶尔等著《哲学中的革命》)。

在布拉德雷看来,要想借助于语言而达到真正的具有特殊性的对象真是比上天还难。

这种看法很显然是与常识不同的。我们原以为"这是什么?"这一问题和"这是一本书"或"这是一只棕色的鸟"答案中的"这"就是指的真正具有特殊性的某一特定的个体。但上面的分析告诉我们,这样的看法是有问题的。而之所以"这"不具有唯一性或特殊性,根据布拉德雷的看法,问题就是出在语言所具有的普遍性。而我们讨论、分析问题又决计离不开语言。这就是人类所面临的困境。人本身就被包围在语言这一符号形式之内。我们根本不可能离开语言而生活、而思想,所以我们要想了解人类自身的种种性质就得研究或了解我们所使用的语言的本质规定性。

我们都知道语言是表达思想或情感的工具,但通常都不曾注意到语言有这样的一种神奇的性质,即它能够从根本上改变语言所指涉的对象的性质,使它消除特殊性而具有普遍的规定性。比如当你问:"这是什么?"我答道:"这是一支笔。"的时候,我所实际表达的毋宁说是一个完全一般的东西,只要它不是别的东西的话。因为在这一问一答中的"笔"显然具有普遍性,这应该是没有问题的。但"这"的本意是要表达特殊性。然而问题没有那么的简单。因为在语言中的"这"也同样显然地可以适用于任何一个东西,所以很奇怪的是,它竟然也可以指涉一切对象了。于是个别也竟然转换成了一般性的东西了。我说:"这是一支笔。"实际上所想要指涉的是我在实际的经验生活中、存在于某时某地的"属于某人的笔"。然而,利用语言我们绝对不可能达到真正具有特殊性的对象,除非我们在运用语言的时候再附加另外一些相关的经验性条件。在此,我们似乎可以进一步得出这样的结论,即语言所表达的永远是具有一般性的东西。因此,当我们说"这是一支笔"的时候,语言所具有的普遍性的性质已把这一表达所指称的特殊性的东西改变成了某种一般性的东西。除非当我说"这是一支笔"的时候,又同时用我的手指着某一支笔,我们就不能用语言来表达真正具有特殊性的对象。

词语所指的对象（比如说独角兽）如果不存在，怎么可能有意义？这个例子也许微不足道，却揭示了长期困扰哲学家们的一个基本问题，即本质与存在的关系问题。

上面的分析告诉我们,当我们使用语言来表达某种具有特殊性的对象的时候,语言并不能够完成只有它才能完成的任务,可见,语言又是一种十分危险的工具。当用它来表达某种具有特殊性的对象时,它却在悄悄地改变对象的特殊性,使对象蒙上一种普遍性。不管是如何特殊的东西或是转瞬即逝的东西,只要我们有能力用语言去捕捉到它们,那么它们也就成为一般的或普遍的东西了。瞬间是短暂的,但语言所捕捉到的"瞬间"却是永恒的。因此不管你愿意还是不愿意,语言都将强制地把它所具有的一般或普遍的规定性加之于它所要表达的对象上去。

为什么语言具有这样的性质呢?罗素曾经指出过:语言"能使我们使用符号来处理与外面世界的关系,这些符号要(1)在时间上具有一定程度的永久性,(2)在空间内具有很大程度的分立性"。又说:"语言有两种互相关联的优点:第一,它是社会性质的,第二,它给'思想'提供了共同的表达方式,这些思想如果没有语言恐怕永远没有别人知道。"其实,罗素所说的两点可以归结为一点,即语言具有的社会性质才能使"思想"具有共同的表达形式。总之,语言所具有的普遍性是我们寻找特殊性归于失败的真正原因。

上面论述的目的在于说明存在于日常生活中的问题及其答案所蕴涵着的哲学含义。只要我们细心,就会发现哲学是无处不在的。说到这里,我们想起了中国现代著名哲学家金岳霖曾经说过这样一句名言:"哲理之为哲理不一定要靠大题目,就是日常生活中所常用的概念也可以有很精深的分析,而此精深的分析也就是哲学。"

可见,对日常生活中的概念能够做深入精致的分析本身就是哲学。

我们说日常生活中的问题及其答案经过仔细的分析可以发现蕴涵在其中的哲学意义。至于哲学史上哲学家所讨论的那些问题当然更应该是哲学问题。不仅这些问题的形式是哲学的,它们的主题也是哲学的。如苏格拉底、柏拉图等哲学家所常常讨论的那些问题"美是什么?""善是什么?""真是什么?""正直是什么?""勇敢是什么?""正义是什么?""理念是什么?"等等,我们一眼看上去就清清楚楚地知道这样的问题是哲学家应该讨论的问题。

为了真正了解"美是什么?""善是什么?""正直是什么?"这些问题的性质,我们应该把这些问题与"什么是善的?""什么是美的?""什么是正直的?"等问题加以区别。而为了要说清楚"什么是善的?""什么是美的?""什么是正直的?"等问题的性质,我们还得进一步把它们与如下这样的问题区别开来。这样的问题是:"请你看看,那边有一个什么东西?"你看了一下说:"噢,那边是一只猫。"有人认为这样的问题是经验性的。因为这一问题是在特殊的时间和特殊的空间中提出的,而且提出这一问题者也是某一特殊的人,在提出这一问题时他也在特定的地点,被询问的对象也是特殊的,被看见的那个对象也是特殊的。在一定的时间和空间内,它在这里,过一段时间之后,它可能转移到别处去了。总之,这一问题是经验性的,具有无可否认的特殊性。

但只要你还记得我们在前面的讨论,那么你就能清楚地记得,这样的问题并不就是完全经验性的或完全特殊性的。详细的理由我们不在此处讨论。我们在此所需要提醒的是,这一问题已经包含着非经验性的东西在里边。布拉德雷的分析也提醒着我们,如果想利用语言达到真正的特殊性不能说是痴心妄想,那么也可以说是徒劳无益的。总之,这样的看似完全经验性或特殊性的问题已经在向一般或普遍转化。当然这样的转化还未完成。现在的问题是这样的问题与"什么是美的?""什么是善的?""什么是正直的?"等问题的区别在什么地方呢?

我们问"什么是美的?""什么是善的?""什么是正直的?"等等问题是想知道:第一,"什么具有美的属性或善的属性或正直的属性等"。显然一个对象只有具有了美的属性、善的属性或正直的属性之后,我们才能说它是美的或是善的或是正直的。第二,"什么"是美的或善的或正直的,"什么"的真正含义是说,是"这"是美的或是善的或是正直的,还是"那"是美的或善的或正直的,或者是第三者是美的或善的或正直的等等,在这样的问题中,重要的是我们必须做出选择,说什么是美的或是善的或是正直的。我们由于不能确定什么是美的或什么是善的或什么是正直的,所以有不同的看法,发生了争执。如我看一幅画,甲说:"它很美。"乙却对之不屑一顾。如果他们俩彼此不认识,看完了也就分道扬镳。如果他们是朋友,免不了就得交流。如果交流的话,那么他们就得发生争论。因为对这幅画,他们有截然不同的看法。他们之间所以发生争论的真正原因在于他们对美的看法有质的差异。如果他们对"什么是美的?"有完全相同的看法,就不会有什么争论。如果他们对美的看法大同小异，那么两人之间不可能有大的争论。所以重要的是要解决美是什么或具有美的属性的对象应该是怎么样的。这就是说，解决这样的争论的办法就是寻找一个标准。在当前的境遇中，就是要能说明"美是什么？"我们可以清楚地看到，如果有这样的问题发生，重点不在"什么"，而在什么是"善的"或"美的"或"正直的"。只有真正知道了美的属性是什么或善的属性是什么或正直的属性是什么后，我们才能说什么是美的或是善的或是正直的。第三，于是我们又不得不回到第一点，即美是什么，善是什么或正直是什么这样的问题来了。根据这样的分析，我们不能说"什么是美的？"或"什么是善的？"或"什么是正直的？"问题完全是经验性的。比较正确的说法是，这样的问题既具有经验性又具有非经验性的一面，是处在从经验性向非经验性的过渡的过程中。如果把这样的问题看成是完全经验性的，那么我们也就割裂了美、善、正直与具有美的属性或善的属性或正直的属性事物之间的关系。真是这样的话，我们也就永远不可能真正懂得什么是美的或什么是善的或什么是正直的。可见，我们必须承认，"什么是美的？""什么是善的？""什么是正直的？"等这样的问题不完全是经验性的，而是同时兼有经验性和非经验性。

现在我们回到"美是什么？""善是什么？""正直是什么？"等这样的问题。

我们下面就来看看哲学家到底讨论哪些哲学问题。

3 哲学家究竟关注哪些问题

在了解哲学家的问题之前,我们且先看看罗素是怎么来给哲学定位的。

他说:哲学,就我对这个词的理解来说,乃是某种介乎神学与科学之间的东西。它和神学一样,包含着人类对于那些迄今仍为确切的知识所不能肯定的事物的思考;但是它又像科学一样是诉之于人类理性而不是诉之于权威的,不管是传统还是启示的权威。一切确切的知识——我是这样主张的——都属于科学;一切涉及超乎确切知识之外的教条都属于神学。但是介乎神学与科学之间还有一片受到双方攻击的无人之域;这片无人之域就是哲学。

"哲学是什么?"罗素答道:介乎神学和科学之间的一片"无人之域"便是哲学。我们曾经说过,哲学的主题是人,哲学的任务是探求人类究竟是如何获得幸福生活的。而现在罗素竟然说,哲学是一片"无人之域"。其实这两种说法并没有什么矛盾。罗素说,哲学是一片"无人之域"是在向我们描绘哲学的尴尬处境。哲学没有科学和神学所具有的优点,科学有确切性,神学有超乎知识之外的教条。哲学有什么呢?哲学既没有知识的确切性,也没有什么诉诸信仰的教条。它所具有的就是那些似乎永远无法给予确切答案的问题。由于哲学被抛入了这种尴尬的处境,所以不知情的人们当然会

罗素（Bertrand Russell, 1872—1970），英国哲学家，逻辑学家，主要哲学著作有《数学原理》(3 卷，与怀特海合著)、《哲学问题》《我们关于外部世界的知识》《心的分析》《物的分析》《西方哲学史》《人类知识》等，罗素是 20 世纪分析哲学的主要奠基者之一。

对哲学表现出极大的冷淡和蔑视。哲学又有什么用场呢？科学所具有的确切知识能够给人们的生活带来实用的后果。神学的教条能够满足人们的心灵对永恒的追求。人们往往从实用的角度来衡量一切学术的意义或价值。正因为如此，哲学也就成为了无人过问的"无人之域"。

但是哲学问题又恰恰是思辨的心灵最感觉兴趣的最普遍的最重要的问题。而这些问题又是科学所不能回答的问题。神学虽然也对哲学家感觉兴趣的问题表现出了极大的热情，但它的基于教条的答案现在也遭到了人们普遍的怀疑。既然是问题，那么这些问题的存在也就有其合理性;既然是问题,那么它们就有可能有自己的答案。我们不能回答或解决这些问题,我们不能因此就否认这些问题。人类迄今不能回答这些问题的历史事实不能成为我们回避或绕过这些问题的充足的理由或根据。我们决不能采取鸵鸟政策,将自己的脑袋放进沙堆里,对这些问题不理不睬。我们不能回答这些问题清楚地表明了人类至今还不具备回答这些问题的能力或知识。并不能说明这些问题不重要。相反,在漫长的人类历史中,那些最为优秀的心灵始终不渝地寻找答案的历史表明这些哲学问题是人类迫切要求解决的问题。我们要能够揭开人类历史之谜就必须寻求这些问题的答案。

那么哲学家所思考的哲学问题到底有哪些呢?

我们先来看看那本畅销全球的哲学通俗读物《苏菲的世界》。此书一开头所提出的两个最大最普遍最重要的问题便是"你是谁?"和"世界从何而来?""你是谁?""我是谁?"和"人是什么?"的问题是等值的。你和我和其余的人类都生活在这个世界上,所以我们急于要回答的问题也就当然是"你是谁?"和"世界从何而来?"这两个问题了。这两个问题使苏菲感到困惑,使她焦躁不安。她急于要寻求这两个问题的答案。于是,这两个问题引领着苏菲逐渐地进入哲学的殿堂。连自己是什么都搞不清楚,连自己生活在其中的世界的性质都搞不清楚,那么人生还有什么意义呢?不想探求这样重要的哲学问题的人,他的人生显然是毫无价值和意义可言的。当然,哲学的问题不仅仅是这两个。

罗素在其《西方哲学史》的"绪论"中把哲学史上所出现的重大问题概括为如下几类：

> 世界是分为心和物吗？如果是这样，那么心是什么？物又是什么？心是从属于物的吗？还是它具有独立的能力呢？宇宙有没有任何的统一性或目的呢？它是不是朝着某一个目标演进呢？究竟有没有规律呢？还是我们信仰自然律仅仅出于我们爱好秩序的天性呢？人是不是天文学家所看到那种样子，是由不纯粹的碳和水化合成的一块微小的东西，无能地在一个渺小而又不重要的行星上爬行着呢？还是他是哈姆雷特所看到的那种样子呢？也许他同时是两者吗？有没有一种生活方式是高贵的，而另一种是卑贱的呢？还是一切的生活方式全属虚幻无谓呢？假如有一种生活方式是高贵的，它所包含的内容又是什么呢？我们又如何能够实现它呢？善，为了能够值得受人尊重，就必须是永恒的吗？或者说，哪怕宇宙是坚定不移地趋向于死亡，它也还是值得加以追求的吗？究竟有没有智慧这样一种东西，还是看来仿佛是智慧的东西，仅仅是极精练的愚蠢呢？

当然，我们不能说，罗素所陈列的这些问题是历史上哲学家所思考的所有的问题。但是，它们确实是哲学研究领域中很重要的问题。你说，上述的那些问题是科学家在科学实验室能够加以解决的吗？答案似乎是清楚的，不能！罗素也正确地指出，神学曾经信誓旦旦地宣称，它们能够对于这些问题给出令人信服的答案，但这些问题给出的答案是基于信仰，而不是基于理性。而上述的问题是理性的问题，理性的问题只有理性才能解答。"正是他们的这种确切性才使近代人满腹狐疑地去观察他们。"可见，历史表明了，科学和神学都不能解决这些问题。难道说，哲学家们能够解决这些问题？当然不是，起码是现在还不能够解决它们。但是寻求解决这些问题却是哲学家的真正"业务"。

哲学问题有些什么特性呢？

首先，哲学问题是最基本的问题，是最普遍的问题。寻求哲学问题的答案，是我们解决或探索其他问题的先决条件。比如，罗素在上面所提出的第一个问题，即世界是分为心和物吗？如果是，那么什么是心，又什么是物？心是从属于物的呢？还是它具有独立的能力？这是一个很重要的哲学问题，或者说是最基本的哲学问题。恩格斯在《路德维希·费尔巴哈和德国古典哲学的终结》一书中指出："全部哲学，特别是近代哲学的重大的基本问题，是思维和存在的关系问题。"恩格斯把**思维和存在或心和物何者为第一性的问题看做是哲学的最重要的问题**提出来，并把它作为在哲学上划分唯物主义和唯心主义的两大基本派别的唯一标准。为什么说这一哲学问题是最基本的呢？因为对这一问题所给的答案决定着我们对其他问题的态度。比如说，你坚信世界不是物质的，而是神或上帝创造的，那么你就会随之否认世界的规律是客观的，而完全是神创的。如果你认为世界是物质的，随之你也会主张物质运动规律的客观性。又比如思维和存在的关系问题还有另一层含义，即我们关于我们周围世界的思想对这个世界本身的关系是怎样的？我们的思维能不能认识现实世界？有的哲学家认为，我们能够认识我们周围的世界，我们的认识能力具有能动性。有的哲学家则认为，我们根本就没有能力认识外在的世界。但我们能否认识外在世界是以我们是否承认外在世界即以哲学基本问题为前提的。

世界是分心和物的吗？心和物又是什么关系？这样的哲学问题的基本性也是因为这一基本问题决定着我们对人生的基本看法。如果你认为，世界是分为心和物的，并且进一步指出，是心或精神决定着物，那么你可能会站在基督教的立场上，虔诚地信仰这个世界是上帝创造的，相应地你也就会认为，人生的意义或价值归根结底是由神所规定的。相反地，如果你坚信世界是物质的，物质是运动的，运动是有规律的，你就会站在唯物主义的立场上，那么你的人生观也就是唯物主义的，是无神论的。显然，从有神论或无神论的观点来看世界，那么这个世界必然会呈现出不同的意义或价值。

其次，哲学问题由于具有基本性和普遍性，所以不是经验性的。具有经验性的问题既能为经验所证实，也同样能为经验所否证。比如这样的问题："你看看教室里有没有一张桌子？"你看了一下之后说："有。"在某时某地某教室里有一张桌子是一经验事实。关于这样的经验事实的问题也就当然是经验性的。现在教室里有一张桌子，过了几天你再去看，恐怕那张桌子就没有了。所以关于教室里

三 哲学的问题 | 147

制作于 12 世纪西班牙的这幅挂毯展示了上帝是创世者。在上帝周围,从左至右,分别是从亚当那里创造了夏娃、鸟和各种鱼类,亚当为各种动物命名。

究竟有还是没有桌子的问题是完全可以由经验来证实的。但哲学问题不是经验性的问题。比如你看见一朵花是美的,你又看到另一朵花也是美的。这一朵花、那一朵花是特殊的、经验的。所谓特殊的或经验的就是说它们是一去不复返的。但"美的"这一属性却不仅可以用来描述上述的花朵,也同样可以用来描述所有其他的"美的"花朵。所以"美的"这一属性具有普遍有效性。这样的普遍有效性显然不是随着特殊的花朵的存在而存在,消失而消失的。它具有超越经验性的特点。哲学家们喜欢把"美的"这样的属性称之为先验的。

如果你去艺术博物馆看到一件很美的艺术品，使你留连忘返、叹为观止，你会不住声地说："这件艺术品真美！"可能你急于要把自己所得到的美的感受告诉他人。可是，你的朋友对你所得到的美的感受并没有同感，显得无动于衷。这就是说，他认为这件艺术品并不美。艺术品是同样的一件，但它给人所带来的感受却不一样。这是为什么呢？这是因为人们对美的看法不一样。于是，人们争论的不再是这朵花美不美，那朵花美不美这样经验性的问题，而是"美是什么？"这样的基本问题。

回答"美是什么"的问题无疑不能运用经验的事例。因为你所可能列举的经验事例永远只可能是特殊的，是部分的，而"美"却是普遍的概念，它不仅适用于一切美的花朵，而且也同样适用于一切美的事物。如果你要向人讲解"$2+2=4$"这一算术公式，你无须列举无数的经验事例，因为这样的经验性的事例是列举不完的。你所要做的就是举一两个经验性的事例来使人们明白这样算术公式的具体含义。这一算术公式是普遍的。人们理解这一算术公式可能需要有经验事例的帮助，但一旦明白了它的意义之后，人们就会认识到再列举经验事例就是多余的了。我们得到"$2+2=4$"这一公式可能要依赖于经验事实，但它的正确性不依赖于经验事实。"美"这一概念与这一算术公式一样，我们不能诉诸经验事实来求得"美是什么"的答案。于是，很多人认为"美"是先验的。

说一个命题是先验的,是说它虽然源于经验,但却既不能为经验所证实,也同样不能为经验所否证。可以说,哲学史上的问题绝大多数都是些这样的问题。

　　这也就能很好地说明,为什么哲学问题不能以具有确切性的知识形式出现。

　　需要注意的是,当说哲学问题都是些先验性的问题时,我们并不是说哲学问题与经验世界毫无关系,这显然是不对的。如果说哲学问题完全与经验事实无关,那么这种毫无经验内容的东西又怎么可能来指导我们的生活呢?在前面我们已经讲到过,哲学问题源于日常生活,哲学就是指导生活的艺术或智慧,所以哲学问题的"源头活水"就是我们的日常生活。离开生活,我们就不可能有哲学。说哲学问题是先验的,并不是说它们与经验毫无关系,而只是说,哲学问题虽然源于生活经验,但我们不能仅仅停留在经验生活的层面上来理解、分析和解决哲学问题。这就是说,所谓的先验是先于经验,又不脱离于经验。说它们不脱离于经验是说哲学问题是源于经验的,说它们是先验的是说它们的答案或正确性不依赖于经验。说哲学问题是先验的,但它们的先验性恰恰又只有在对经验生活的解释或理解上才能表现出来。康德是对的,他曾经这样说过:"虽然我们的一切知识都以经验开始,但是并不能说一切知识都来自经验。"罗素也曾说过同样的话,他说:"我们不但承认一切知识都是由经验中抽出来的,被经验所造成的,同时,还应该承认有些知识是先验的,意思是说,叫我们去思考它的那种经验并不足以证明它,而仅仅是

静夜中的哲学家

使我们注意到我们可以无需任何经验上的证明就能明了它的真理。"

哲学问题源于日常生活,所以它们是经验性的。哲学却是具有思想的人类思维活动的产物,是人对自身及外在世界的系统的看法。人是有理性的动物,有进行抽象思辨的能力,所以人类不满足于日常经验性的生活,要求超越经验性的东西而达到对一般的或普遍的东西的把握。这就是先验性的东西的源头。

由于哲学问题本身的基本性和普遍性以及哲学问题本身的先验性的特点,于是我们可以很容易地发现,在漫长的哲学史上哲学问题几乎是没有统一的说法,真可谓仁者见仁,智者见智。于是乎,出现了这样的现象,我们现在讨论的问题几乎就是古代哲学家认真探索的问题。正是在这样的意义上,怀特海说,一部西方哲学史就是对古希腊哲学家柏拉图哲学思想的注脚或说明。哲学家们对同一哲学问题往往有不同的甚至是尖锐对立的意见。

下面我们想举哲学史上一个最古老的哲学问题作为个案做些分析,第一,看看历史上的哲学家究竟讨论些什么有趣的问题,竟然使人类历史上最杰出的心灵对之神魂牵绕,如醉如痴,聚讼不已;第二,让我们仔细地看看哲学问题到底具有什么样的特性。

4 哲学问题的个案分析

我们究竟是怎么样认识我们生活于其中的外在世界的,这是个最古老的哲学问题。历史上探讨这一问题的哲学家不乏其人。但我们想以罗素作为代表。理由是,第一,罗素的哲学思想的主题就是这一问题,这是他本人反复加以说明的,他的绝大部分哲学著作都是力图解决这一哲学问题的。第二,罗素似乎是历史上最后一个探讨这一古老哲学问题的哲学家,他之后的分析哲学家几乎是不讨论这样的哲学问题的。第三,罗素曾于20世纪20年代来华讲学,其演讲可以概括为五大类:《哲学问题》《心之分析》《物之分析》《数学逻辑》和《社会结构学》。前四讲的主题是哲学。前四讲中的《数学逻辑》是关于哲学方法论的。其他三讲则是哲学的。这三讲的主题就是探讨我们究竟是如何认识外在世界这一古老的哲学问题的。

在前面我们曾经以罗素的《西方哲学史》一书中所列举的哲学问题来说明哲学家到底在讨论些什么样的哲学问题。我们曾提醒读者不要以为罗素所提出的问题已经概括尽了所有的哲学问题。其实，罗素所提的那些哲学问题主要是围绕着认识论或围绕着"真"这一问题的。可以说，"求真"是罗素哲学思想的真正主题。也是在这同一本书的末尾，罗素对真与善的关系做了详细的分析和论说。他如是说道：

> 哲学在其全部历史中一直是由两个不调和地混杂在一起的部分构成的：一方面是关于世界本性的理论，另一方面是关于最佳生活方式的伦理学说。这两部分未能充分划分清楚，自来是大量混乱想法的一个根源。从柏拉图到威廉·詹姆士，哲学家们都让自己的关于宇宙构成的见解受到了希求道德教化的心思的影响：他们自以为知道哪些信念会使人有道德，于是编造了一些往往非常诡辩性的理由，证明这些信念是真的。至于我，我根据道德上的理由和理智上的理由都斥责这类偏见。从道德上讲，一个哲学家除了大公无私地探求真理而外利用他的专业能力做任何其他事情，便算是犯了一种变节罪。如果他在进行研究之前先假定某些信念的不拘真假总归是那种促进良好行为的信念，他就是限制了哲学思辨的范围，从而使哲学成为琐碎无聊的东西；真正的哲学家准备审查一切先入之见。假如有意识或无意识地给追求真理这件事加上什么限制，哲学

便由于恐惧而瘫痪，为惩罚吐露"危险思想"的人的检查制度铺平道路——事实上，哲学家已经对自己的研究工作加上了这样的检查制度。从理智上讲，错误的道德考虑对哲学的影响自来就是大大地妨碍了进步。我个人不相信哲学能够证明宗教教条是真理或不是真理，但是自从柏拉图以来，大多数哲学家都把提出关于永生和神存在的"证明"看成了是自己的一部分任务。他们指责了前人的证明——圣托马斯否定了圣安瑟伦的证明，康德否定了笛卡儿的证明——但是他们都提出了自己的新证明。为了使自己的证明显得有根据，他们曾不得不曲解逻辑，使数学神秘化，冒称一些根深蒂固的偏见是天赐的直觉。这一切都被那些把逻辑分析当作哲学的主要任务的哲学家否定了。

罗素认为，他当时正在讨论的那个问题即我们究竟如何才能认识外在世界的问题就是一个"求真"的问题。他这样问道，世界上有没有一种如此确切的知识，以至于一切有理性的人都不会对它加以怀疑呢？他自己回答道，这是一个哲学上最困难的问题中的一个。他指出，在日常生活中，我们认为许多事物是千真万确的，但是仔细观察，就可以发现原以为确凿无疑的事物确充满着种种的矛盾，所以只有经过哲学的思考才能使我们知道什么才是真正可以相信的。那么我们能够相信些什么呢？或者说我们究竟怎么样通过哲学的思考才能使我们知道我们究竟该相信什么呢？

现象桌子与实在桌子

在《哲学问题》一书中，罗素指着眼前的桌子开始了他的探讨。无独有偶，他在来华所讲的"哲学问题"的演讲中也是从眼前的一张桌子开始他的哲学讨论的。罗素对桌子所做的分析在当时的中国有相当的影响。

现在就让我们看看罗素是怎么样来分析眼前的这张桌子的。

约瑟夫·孔苏思的作品《一把椅子和三把椅子》是当代概念艺术最重要的代表作之一，它以物、拟象、语词三种不同的形式表征指向了同一事物：椅子。这令人想起柏拉图关于理念、实在和艺术三者之间关系的论述。

在日常生活中,对于桌子我们真是"日用不知""习焉不察",我们确信我们是真正地知道桌子的。但罗素并不这样看。他指出,我们自以为确信无疑的地方,确充满着种种疑虑和困惑。不信,就让我们看看罗素是怎样分析桌子的。

让我们把眼光集中在我们随处都能够看到的桌子上。看起来,它是长方形的、棕色的、有光泽的;摸起来,它是光滑的、冷的、硬的;敲它的时候,它就发出木器的声响。上述对桌子的种种感觉似乎是适用于任何一个看见过桌子的人。对此不会有任何的人会产生什么疑问。然而罗素并不这样看问题。他指出,问题就出在人们以为没有任何疑问的地方。

比如说,桌子的颜色。从不同的角度来看这张桌子,它的颜色似乎显得稍有不同。反光的部分看起来则要比其余的部分要显得明亮些,而且由于反光的缘故,某些部分看起来是白色的。进一步,假如你挪动身体的话,那么反光的部分便会不同,于是桌子的颜色的分布也会有所不同。所以,假如几个人同时看同一张桌子的话,就不会有两个人所看到的颜色恰恰是一样的。在正常的光照条件下,棕色的桌子呈现为棕色,但在傍晚或在不同的光线之下,桌子的颜色会有所变化。而在黑夜,我们则看不见桌子有什么颜色。现在的问题是,到底哪一种颜色是桌子本身所具有的? 从不同的观点去看,桌子就显出不同的颜色。那么我们有什么权利认为某一种颜色便是桌子本身所具有的呢? 在通过这样的分析之后,罗素认为,所谓的桌子的颜色不是某种为桌子所固有的东西。那么我们所看到的桌子的颜色是一种具有什么性质的东西呢？罗素指出，人们通常所说的桌子的颜色是某种同时依赖于桌子、观察者以及光线投射到桌子的方式而定的东西。

就是谈到桌子的形状也是充满着种种令人不解的困惑。我们习惯于认为，桌子是具有一定的几何形状的。比如说，某一张桌子是正方形的，就认为它在任何时候任何地点都是正方形的。罗素指出，人们所以具有这样的看法全然是由于他们不习惯于做深入细致的分析或思考的缘故。但是事实上，事情并不是这样的简单。因为我们都有这样的经验，就是从不同的角度看同一的东西，其形状是不同的。如从与桌面同样的水平的角度来看桌子的平面，我们会看到桌子的面只呈现出一条线。但如果你从桌子的正上方来看，那么你所看到的则是规规矩矩的正方形。如果现在你换了个角度，从侧上方来看桌子，那么它似乎具有两个锐角和两个钝角。离你近的一边显然要长于离你较远的那一条边。你认为这张桌子是方的，而且经验也告诉了你在任何的情况下，这张桌子都应该是正方形的。但是事实上，并不是如此的，因为我们从不同的角度所看到的桌子确确实实具有不同的形状。那么现在的问题还是老问题，即究竟哪一种形状是桌子本身所具有的呢？你说桌子是方的，但从其他的角度我们所看到的桌子并不是方的。

我们再来看桌子的声音。当我们用手指有节奏地敲打桌面的时候，桌子就会发出一定的同样有节奏的声响。我们不敲，就听不到声响；敲得轻，声响就小，敲得重，声响就大。似乎声响也并不是

三 哲学的问题 | 157

桌子本身所具有的。而是桌子、敲打者共同形成的。声响的大小取决于你所敲打的力度。

当触摸桌子的时候,我们自然会有某种触觉。我们在这方面的感觉经验是很丰富的。我们当然也就很自信地认为桌子是硬的。但是我们没有想到,我们所获得的触觉也同样取决于我们加给桌子的压力。于是,由于压力的不同,也由于我们究竟用我们身体的哪

> 胡塞尔赞同休谟的观点,即当一个人观察一个物体时,比如说观察一张桌子时,他意识到的是物体而不是自身。他提出,哲学应当建立在考察直接经验的方法基础之上,而不应该不加证明地设定其他任何存在。这种方法被称作现象学。

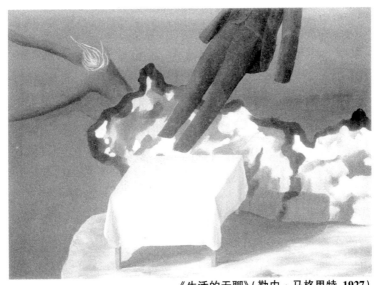

《生活的无聊》(勒内·马格里特,1927)

一部分与桌子接触,我们所得到的触觉也就不一样。这样,我们也就不能轻易地认为,桌子本身是硬的。

我们还可以从其他的方面来分析观看我们面前的这张桌子。但是上面的分析已经充分地表明了,我们确信是桌子所具有的种种性质似乎并不是桌子本身所具有的。这里就出现了哲学史上的一个很古老的问题。这就是,我们认为桌子是正方形的,是棕色的,是有硬度的,如此等等。只不过桌子"看"上去并不是棕色的,从不同的角度"看",桌子就有不同的形状,用不同的力度敲打桌子,桌子就有不同的声响。于是,问题似乎变成了这样的,即我们所看到的、所听到的、所触摸到的桌子是不同于实际上的桌子。用哲学的术语讲,所看到、所听到、所触摸到的桌子,叫做现象桌子,而我们认为实际上应该具有什么性质的桌子叫做实在桌子。

经过罗素这样的分析,我们眼前的这"一"张桌子也就变成了"两"张桌子。那么这两张桌子到底又具有什么样的关系呢?

眼前的这张桌子想不到会给我们带来如此之多的麻烦。这真是有点出乎意料之外。其实,能给我们增添麻烦的不仅仅是桌子,而且通过我们的感官所观看到的一切都必然会给我们带来不少的麻烦。桌子离我们太近了,所以它给我们带来了不少的麻烦。好,我们可以不去管桌子,而是来看看离我们似乎最为遥远的太阳吧。

天文学知识告诉我们,太阳离地球的平均距离是14960万公里。根据光速,光从太阳这颗球体到达地球的时间约需要8分钟,这似乎已经成为了科学的常识。这些数字告诉我们,我们当下所见到的太阳不过是 8 分钟之前的太阳。如果 7 分钟前太阳已经没有了,但是我们还是能够清清楚楚地看到太阳在我们的头上闪耀着光芒。明明是已经没有了太阳,但是我们还是能够清清楚楚地看到太阳。这似乎是荒唐之极的事情。然而科学知识告诉我们,这应该是真实的事情。这就是说,我们当下所看到的太阳是 8 分钟前的太阳。我们所看到的太阳并不是那颗向我们发出耀眼光芒的球体。这就清楚地揭示出这样的一个无情的事实,即我们所看到的并不就是实际上存在的。所以问题还是老样子,即我们所看到的太阳与实际上的太阳之间是有差异的,两者并不就是一个东西。那么,这两者之间到底是一种什么样的关系呢?

更有甚者,我们所知觉到的太阳的"明亮的""圆的""热的"等等属性,根据罗素在其《人类的知识》一书中的说法也不归属于那颗物理学意义上的太阳。罗素的这一说法也有科学上的根据吗?

自然科学告诉我们,色、声、味等并不存在于自然界中,而是一定的物理、化学物质的特性作用于生物体的感觉器官而产生的感觉效果。自然界实质上是一个无色、无光、无声、无味的沉寂的自然界。这是一幅实在令人感到不愉快的自然图景。然而这是事实。自然界无声、无光、无色、无味,但它确充满着电磁波和各种不同的化学性质的气味分子或化学元素。物体本身反射出不同波长、不同频率的电磁波,电磁波作用于感觉器官,然后这种刺激通过视觉器官的一系列复杂的生理变化过程,再由内传神经传达到大脑,其结果便是在视觉中枢呈现为颜色。

自然物体也无所谓抑扬顿挫的声音，而只是震出各种不同频率的空气波。这些空气波通过听觉器官的生理转化过程之后，经由神经系统传达到大脑，其结果返回到听觉中枢才转化为能够感觉到的声音。自然界不存在任何的声音，但的确充满着电磁波，收音机把电磁波转化为声波，人体的听觉器官又把声波转化为声音。于是，正是借助于收音机，我们就能赏心悦目地听到八方之音。

同样的道理，物体本身也无所谓气味或滋味。所谓有味的物体只散发出各种不同的化学性质的气味分子或化学元素，它们引起嗅觉器官的一系列复杂的生理变化，才能够被我们感觉为不同的气味和滋味。离开我们的感觉器官，就自然本身而言，既无所谓香，也无所谓臭；既无所谓甜，也无所谓苦；……

上述的科学知识告诉我们，罗素的看法是正确的。这样，当我们说"太阳是明亮的、热的、圆的"时候，我们就在有意无意之间把原来不属于太阳的性质归属于了太阳。

电磁波、空气波和物体所散发的各种化学元素都是物质微粒的运动方式，它们远远不是我们天然的生理感官所能达到的可感领域。物质微粒及其运动形式本身不是我们的感官所能直接接触到的。它们作为一种外界刺激作用于我们的感官。我们只能通过感官，在接受这种刺激后所引起的变化和产生的结果而间接地感知它们。我们的眼睛所看到的只是颜色，耳朵所听到的只是声音，鼻孔所嗅到的只是气味，我们的感官并没有直接地告诉我们这些就是电磁波、空气波等等。我们之所以得知我们的感觉对象为电磁波、空气波等,并不是感官的直接感知,而是为科学的推理所揭示的。事实上,我们所直接感觉到的乃是电磁波、空气波等在我们的感官上的作用而引起的变化和产生的结果,并不是电磁波、空气波等本身。

现象与实在之间种种可能的关系

历史上的许多哲学家和科学家都认为,感觉对象与实在的事物并不就是一个同一的东西。比如英国哲学家洛克就是持这样看法的一位哲学家。他把物体的性质分为第一性质和第二性质。所谓的第一性质是物体本身所固有的,如运动、静止、形状等。而第二性质则是物体的一种能力,它可以借助于不可觉察的第一性质在我们的感官上所形成的作用,于是我们就得到各种不同的颜色、声音、气味、滋味等等。我们能够觉察的只能是颜色、声音、气味、滋味等等。而物体的第一性质是不可觉察的。

洛克的这样的看法在历史上源远流长。早在他之前的伽利略就指出过,第二性质不过是感官上的主观效应,是和不可与物体分离的第一性质迥然不同的。他这样说道:

> 当我设想一件物质或一个有形物体的物质时,我立刻觉得我必须设想它的本性,它是有界限的、有形状的,和其他东西比较起来,是大还是小,处在什么地方和什么时候,在运动还是静止,总之,无论怎样,我不能想象一种物体不具有这些条件。但关于白或红,苦或甜,有声或无声,香或臭,我却不觉得我的心

被迫承认这些情况是与物体一定有关系的;如果感官不传达,也许推理与想象始终不会达到这些。所以我想物体方面的这些味道、臭、色等好像真的存在物体中,其实只不过是名称而已,仅仅存在于有感觉的肉体中;因此,如果把动物拿走,一切这样的质也就消除了,或消灭了。

下面让我们来看看牛顿对这一问题的看法。牛顿也如是说道:

> 正确地说来,光线并没有颜色。在它们里面没有别的东西,只有某种能激起这样或那样颜色感觉的本领或倾向。正像声音一样,它在钟或乐器弦或其他发音体发出的这种运动的传播,而在感觉中枢里,则是以声音形式出现的这种运动的一种感觉;所以颜色在物体中也不是别的,只是一种能把这样或那样光线更多地反射出来的倾向。在光线里面,它们不过是把这种或那种运动传播到感觉中枢中去的倾向,而在感觉中枢,它们则是以颜色形式出现的这些运动的许多感觉。

上面的论述清楚地表明了哲学家和科学家在这一最为重要的哲学问题上的基本立场,即我们所见到、听到、嗅到的东西与实在的东西是有区别的。

那么现在的问题就是,我们所能感觉到的东西与实在的或外界存在的东西到底具有什么样的关系?可以说,这是一个真正的哲学问题。自有哲学以来,哲学家们就在孜孜以求这一问题的答案。遗

洛克认为，从物体与观察主体之间的相互作用中所产生的那些特性是主观的（即"第二性质"），离开感官就不可能存在。例子之一就是颜色，这种主观性因素因人而异。大卫·利克尔特的画作《艺术家工作室》（1638年）就说明了这一点。

憾的是直到如今,这一问题还是没有令人满意的答案。很可能是永远不会有这样的令人满意的答案。

还是让我们先回到罗素。可以说罗素花了他哲学生涯的绝大部分时间来探讨这一重要的哲学问题。他早期在其《哲学问题》一书的基本看法是"推论说",即他试图从我们所能直接接触到的关于问题的种种现象推出现象背后的外界实在事物。他认为,我们只能通过感觉去认识客观问题。我们直接认识的不是外界实在的事物,而只是如颜色、声音、气味、硬度、粗细等现象,它们是在我们的感觉中被直接地给与的,不管你愿意还是不愿意。这些直接地在我们的感觉经验中被给与的东西称之为"感觉材料"。直接察觉这些现象的经验,罗素称之为"感觉"。如我们现在要认识比如一张桌子的话,我们也就只能凭借"感觉材料",如棕色、长方形、硬度等。无疑,这些"感觉材料"是与桌子联系在一起的。它们是桌子在我们的感觉器官中留下的印象。但我们却不能说,桌子就是这些"感觉材料",或者说"感觉材料"就是桌子的性质。这样,如果真有桌子存在的话,那么就发生了"感觉材料"和桌子的关系问题。

罗素认为,"感觉材料"不是纯粹的属于桌子的,也不是纯粹的主观的,而是依赖于我们和客体之间的关系。如果我们用一块白布把眼前的这张桌子完全地遮盖起来,我们本身虽未发生什么变化,然而我们由桌子却再也得不到任何的"感觉材料"了。如果实在的桌子不存在的话,那块布便会出现奇迹,而在桌子原来的地方悬空着。这显然是不可理喻的,是荒谬的。因此罗素认为,我们完全有理由设想,这些"感觉材料"就是被我们称之为物理客体的某种东西存在的标志。这就是说,超乎颜色、硬度、声音等感觉材料之上、之外,还应假定有某种东西存在,而颜色等只不过是它的一些现象而已。这种东西就是作为物理客体的桌子。因而罗素指出,"感觉材料"是被直接地给与的,而所谓的物理客体的桌子是我们经过推论方式才能间接地知其存在的。为什么说是间接的呢?因为我们不能直接地达到外在的桌子。我们只能运用能够为我们直接地得到的"感觉材料"为推论的出发点,去描绘这张桌子。既然我们不能直接地感知作为实在的桌子本身,而且我们又不知道它到底具有什么样的性质,那么我们又有什么理由假设它们的存在呢?罗素认为,我们所以要假设物理对象的存在的理由是"物理客体"不是纯粹主观的,它们应该还具有外在的原因,如果我们不假设物理客体作为"感觉材料"的原因,那么我们也就没有其他的更好的方式来解释"感觉材料"的性质。我们不可能知道物理客体的任何属性,但又要坚持认为我们从"感觉材料"能够推出外在事物。既然不知道外在事物,那么我们又从何知道我们推出的事物是一定和外在事物是同一的呢?这就像一对男女互不认识,只是通过鸿雁传书,彼此爱慕,但由于种种的外在条件,他们之间无缘直接见面。在这样的情况之下,他们也只能通过彼此的信件来推测对方可能是什么样的人。他们中的每一位都坚信,对方是肯定存在的。相信对方肯定存在的理由就是他们能够直接阅读的信件。那么对方可能是一位什么样的人呢?他们彼此之间也只能通过信件。于是正是借助于信件,他们在自己的心目中构想对方可能是什么样的人。他们的构想到底是不是符合于对象呢?他们不可得而知之。理由是显而易见的。因为我们要知道自己的构想是不是符合对象的一个最简单的理由就是让对方出场。如果这是不可能的话,那么我们也就永远不可能知道我们的构想是不是符合对象。对于哲学家来说,如果不可能拿出具有决定性的理由,那么这样的推论说肯定是失败的。

但罗素显然是比英国哲学家贝克莱进了一大步。因为后者是只承认"感觉材料",而不承认物理客体。如果你拿着一个苹果给贝克莱看,你问他"苹果是什么?"这样的问题。他会对你这样说,所谓苹果只不过是我们的"感觉材料"的复合。因为当你看苹果的时候,你直接地得到的只能是苹果的"红"的颜色,看到苹果的"圆"的形状,摸一下,你会感觉到苹果是"冷"的等等。那么什么是苹果呢?贝克莱告诉我们说,所谓的苹果就是上述的种种感觉的综合。作为物理客体的苹果的存在,在他看来是不可理喻的,因为你根本不可能达到这样的存在。既然你达不到这样的存在,你又怎么可能知道它呢?所以他的名言就是"物是感觉的复合""存在就是被感知"。只承认经验现象,而不承认经验现象背后的物体就是贝克莱哲学思想的核心。总之,他是干脆地否认了外物的存在的。

与贝克莱不同,罗素当时的哲学立场是新实在论。他要肯定外物的存在,尽管我们没有什么可靠的方法达到它们。但是罗素的这样的哲学立场碰到了困难。既然有困难,就得找出路。那么出路在什么地方呢?

既然实在的事物不可知,那么我们又何必假设它们的存在呢?所以出路就在于不去做这样的假设。在《哲学问题》之后,罗素开始抛弃了从经验现象去推出客观外物的思路。我们无意在此探讨罗素哲学思想演变发展的历程。如果你有这方面的兴趣,自可以去做这样的研究。我们在此的目的只是在于考察罗素研究和解决认识论的思路。罗素来华所做的"哲学问题"演讲时的立场大大地不同于他在其《哲学问题》的立场。他的演讲还是从分析眼前的一张

在贝克莱的世界中,只存在着主体及其经验,别无它物。在他看来,人们感知到的不是事物,而是诸如颜色之类的性质,这些性质因人而异。对于上图中的布匹染色工而言,一种颜色可能与另一种颜色类似或不同。

1920年罗素(前排左3)来华讲学,与中国学者合影。

桌子开始。面对着中国热情的听众,他仍旧是把桌子分析成现象的桌子和实体的桌子。在这样的分析之后,他提出了处理这一问题的两种不同的态度。1. 并没有桌子的"实体"这样的东西,所有的只是颜色、形状、质料等等这样的现象;2. 桌子的"实体"是有的,它与我们所看到的桌子是不一样的,它是我们所看到的桌子存在的原因。

对桌子做了这样的分析并提出了解决这一问题的两种态度之后,罗素紧接着指出,从前的科学和哲学都认为作为实体的桌子是有的,但是与所看见的现象不一样。近来的科学家和哲学家却以为所谓的桌子就是我们所看到的种种现象。在现象之外再没有什么实体之类的东西了,所以我们大可不必再去假定那些看不到、听不见、摸不着的什么实体之类的东西了。显然罗素当时是完全赞同这后一种的观点。他认为,假设有实体是出于人们对有永久性的东西的期待。然而哲学上的许多麻烦都是起于想有永久性的东西的存在这样的原因。于是,罗素指出,期待永久性的东西的想法是错误的,世界上最真实的莫不过于暂时的存在。宇宙中的最根本的东西不是什么心,也不是什么物,而是事情(event)。他所采取的这种哲学立场名之为"中立一元论"。这就是说,所谓的"桌子就是那些所有关于桌子的事情合成的"。可见,此时的他坚决地反对把现象与本质分离开来的做法。根据他的理解,传统哲学主张的所谓的本质是没有的。他这样说道:"所谓本质,不过是暂时的种种现象放在一处,照了论理的法则,来组织成一种东西。"罗素感到要坚持原来的在实体和现象之间划界的立场会给自己带来根本不可能解决的难题。所以他不得已放弃了原来的立场,否认了实体的存在,只承认现象。以前他认为,没有了实体就很困难说明现象的存在。在华演讲时,他指出,现象所以能存在的理由是它们是由"事情(event)"合成的。

我们都知道哲学家的性格就是要在别人没有问题的地方发现问题,提出问题。要做哲学家,正像罗素本人所说的那样,就不要怕荒谬。受了罗素的启发,我们现在也可以向罗素发难,问他这样一个很简单的问题,这就是"事情"是什么呢?

根据罗素后来自己的解释,所谓"事情"就是指的感觉或感觉材料。可见,他前后的说法有所不同,但这些说法的实质都是一样的,即它们都是指的感觉或感觉材料。既然"事情"就是感觉材料,那么由"事情"合成的心或物又可能是什么性质的东西呢?罗素曾经说过,感觉材料是私人的,你的就是你的,我的就是我的。我曾经牙痛过。现在轮到你牙痛了。我可以以自己牙痛的感觉来体会你的牙痛。如果我们俩人的关系密切,那么你牙痛时,我可能也会"同病相怜",感觉到自己有些微的疼痛的感觉。但我的体会毕竟不同于你本人的牙痛,我以前的牙痛也并不能代替你现在的牙痛。如果远在美国的一个我莫不相识的人牙痛,那么我只知道他牙痛,而不会感觉到自己有牙痛的体会。感觉或感觉材料只能是私人的。如水在口,冷暖自知。

由于感觉或感觉材料的私人性质,那么由这样的感觉材料所构成的心或物也不可能具有公共的性质。比如说,趁着放寒假或暑假你赶回家看望父母或朋友,由于久别重逢,你显然分外的激动,免不了要拥抱自己的父母或朋友。在这样令你激动万分的时候,你决计不会想象到你正在热烈拥抱着的父母或朋友仅仅是由自己的感觉材料构成的。可见,罗素的"中立一元论"是有问题的。

在《物的分析》一书中,罗素又提出了"知觉因果说"来解决感觉现象与实在事物之间的关系问题。他指出,常识认为感觉向我们直接显示了外在的客体。当我们"看见太阳"时,太阳就是我们当下所见到的太阳。但科学却已采取了另一种不同的看法,认为当我们"看见太阳"时,从太阳到我们的眼睛之间存在着一个过程。这一个过程横跨这两者之间的广大的空间。当太阳光到达我们眼睛时,它已改变了它的某些特性,而在视觉神经和大脑中,它又一次地改变了某些特性,直到最后它形成了我们可以称之为"看见太阳"这样的事件。罗素指出,物理客体的表面特性对环境和人的神经系统的性质有因果依赖关系。因此,他根据光的传播需要时间的事实来说明,人们认为当下看见的太阳,就是处在现时的太阳是错误的。其实,我们至多只能看见那个处于几分钟前的太阳。于是,他坚持认为,鉴于所知依赖于环境,依赖于我们的神经系统,所以我们没有充分的理由相信这些对象会像常识所认为的那样真正拥有这些属性。这样的论证是否有力值得商榷,因为从物理客体被感知觉到的性质是因果地依赖于知觉者的状态和环境这一事实,并不能必然地得出客体实际上没有这样的性质的结论。而且他的论述方法似乎也隐含着这样的假设,即未构造物理对象之前,就提出了它们应该具有些什么样的特性。

罗素的知觉因果说在他的《人类的知识》一书中显得更为精致。在那里他提出了"知觉结果"这一概念。这一概念指"当我看见或听到某种事物或者通过其他感官确信自己意识到某种事物的存在时所发生的那种情况"。他强调指出,一个知觉结果,比如说听见一种声音有着一系列的先件,这些先件在时空中运动,从声音的物理来源经过空气到达耳和大脑,这时我们可以说"听见声音"。"听见声音"就是一种知觉结果。可见,"知觉结果"是以物体作为起点的因果链条的终点。从这一设想出发,罗素认为,可以把知觉结果当作关于物体知识的来源,这样就可以从结果推论到原因的某些特点。他指出,我们可以从知觉结果推论到物体,但却不能得到关于物体的确切知识。任何知识都是不确定的。但罗素的这一结论先验地假设了因与果之间的联系,这样的联系一般地说,是要通过归纳得到证明的,然而在《人类的知识》一书中,罗素又认为要证明归纳原则是根本不可能的一件事。

5 哲学问题令人困惑

综观罗素知识理论的种种努力,我们可以发现试图解决或解释感觉现象与客体之间的关系是他的知识理论的主题。他几乎在这样的哲学主题上花费了四十年的时间。他为此先后提出过推论说、构造说、中立一元说、知觉因果说等等。由于存在着这样或那样的难以克服的困难,所以这些理论都很难成立。罗素的哲学生涯开始于他要雄心勃勃地寻找确定性的愿望,并试图在这样的确定性的基础上建立起知识的大厦。但终其一生,他却没有找到这样的确定性。可以说《人类的知识》是罗素哲学生涯的最后一部著作。正是在这部书的最后一页,他不无悲观地宣称:"全部人类知识都是不确定的、不精确的和片面性的。"他就是以这样的令人沮丧的结论结束了自己追求确定性的哲学生涯。

罗素的哲学探讨表明**哲学问题本身是不可能得到解答的**。任何企图把自己关于某一哲学问题的看法视做是终极性的绝对正确的答案的做法都是错误的。哲学问题不可能有终极的解答是因为哲学问题是最基本最普遍的问题,是太大的问题,不是人类所能够解决的问题。哲学问题与人类相伴随,只要人类存在着,人类就得思考哲学问题。这里的悖论似乎在于,人类所提出的哲学问题,人类本身不可能解决。要解答这样的问题需要一种超越性的智慧,即哲学的智慧。苏格拉底认为,人没有这样的智慧,只有神才具有这样的智慧。苏格拉底对智慧的看法委婉地说明,人本身不能解决哲学问题,而只能不断地去探讨哲学问题,所以人类永远处在探讨哲学问题的永恒的过程之中。这样的日子绝对不会到来,即在那一天,人类出神地注视着业已获得的绝对真理而袖手旁观、无所事事。

既然哲学问题是不可解决的,那么为什么我们还必须在这样的大而无当的问题上花费精力和时间呢?这样做有什么样的意义呢?罗素的看法值得我们重视。

他说道:要了解一个时代或一个民族,我们必须了解它的哲学;要了解它的哲学,我们必须在某种程度上自己就是哲学家。这里有一种互为因果的关系,人们生活的环境在决定他们的哲学上起着很大的作用,然而反过来他们的哲学又在决定他们的环境上起着很大的作用。

他又进一步指出,哲学所以要学是因为科学告诉我们的是我们所能够知道的事物,但我们所能够知道的是很少的;而我们如果竟忘记了我们所不能知道的是何等之多,那么我们就会对许多极重要的事物变成麻木不仁了。另一方面,神学带来了一种武断的信念,说我们对于事实上我们是无知的事物具有知识,这样一来就对宇宙产生了一种狂妄的傲慢。在鲜明的希望与恐惧之前而不能确定,是会使人痛苦的;可是如果在没有令人慰藉的神话故事的支持下,我们仍然希望活下去的话,那么我们就必须忍受这种不确定。无论是想把哲学所提出的这些问题忘却,还是自称我们已经找到了这些问题的确凿无疑的答案,都是无益的事。教导人们在不能确定时怎样生活下去而又不至于为犹疑所困扰,也许这就是哲学在我们时代仍然能为学哲学的人所做出的主要事情了。

哲学问题的不可解决,揭示出这样一个事实,即我们所知甚少,"吾生也有涯,而知也无涯,以有涯随无涯,殆已",为此我们必须保持好学、探索的精神,不断地向未知的领域前进;哲学问题的不可解决也同样告诫我们,不要过于自信,不要流于专断、教条、自以为是。

哲学问题的不可解是由于人类不具有超越的智慧。但人类要能够真正地认识自己确需要不断地探讨哲学问题。这就是人类所处的困境。这样的困境使我们想起了古希腊有这样的一个神话。它说的是西西弗被罚推着巨石上山,每当快到山顶的时候,巨石又滑下,西西弗又不得不费力地向上推巨石。如此循环往复,以至无穷。加谬说:"在西西弗身上,我们只能看到这样一幅图画:一个紧张的身体千百次地重复一个动作:搬动巨石,滚动它并把它推至山顶;我们看到的是一张痛苦扭曲的脸,看到的是紧贴在巨石上的面颊,那落满泥土、抖动的肩膀,沾满泥土的双脚,完全僵直的胳膊,以及那坚实的满是泥土的人的双手。经过被渺渺空间和永恒的时间限制着的努力之后,目的就达到了。西西弗于是看到巨石在几秒钟内又向着下面的世界滚下,而他则必须把这巨石重新推向山顶。他于是又向山下走去。"他完全以自己的整个身心从事于一种没有什么效果的事业。如果我们不把西西弗看做神,而是看做和我们一样的人,那么西西弗就很像一个执著的哲学家,而那块巨石也就是人类所执着地寻求答案的哲学问题。每当我们以为问题的解决有了决定性的转机,似乎天将破晓,希望之光即将洒满人间,然到头来却又是竹篮打水一场空,空喜欢一场,原来问题并不是想象的那么容易,原以为快要解决的问题于是又沉入无底深渊。但人类执著的刨根问底的本性偏偏又不断地驱使他们重新思考那些与人类休戚相关的哲学问题。西西弗的工作不就很像人类从事的哲学研究事业吗?有人可能会提出这样的疑问,为什么我们一定要像西西弗那样推着巨石上山呢?我们完全可以不去做这样的吃力不讨好的工作。问题并不会如此的简单。人类作为有思想的存在的一个最为鲜明的特征就是要去思考与人类的本性相连的哲学问题。

哲学问题确实是不可解的。但有一点却是明白无误的,这就是哲学问题永远是明确的。我们上面讨论的哲学问题就是感觉或感觉材料与外界实在的东西之间的差异。这一哲学问题告诉我们这样的一个严酷的事实,就是人类并不像动物那样直接地生活在外在的物理世界之中。我们永远也不可能真正地知道我们生活于其中的外在世界究竟是怎么样的。如果真正地理解了上述的哲学问题的性质,那么我们也就能够清楚地理解其中所包含的哲学道理。

我们常常说,地球是人类的家园,这是不错的。但严格地讲起来,这似乎是有问题的。因为人的家园按照上面所叙述的道理来看,应该是人的思想或思维或语言。海德格尔似乎说过这样的话

　　加缪的西西弗是一个荒诞的英雄,他以自己的整个身心致力于一种注定没有效果的事业。然而,他又是一个悲剧意义上的崇高的英雄,他完全清楚自己所处的悲惨境地,并且勇敢地承担自己的命运、藐视并且超越自己的命运。某种意义上,一代一代孜孜不倦地追寻那些终极性问题的答案的哲学家们就是人世间的西西弗,为解答那些似乎终究不可解答的问题而付出了巨大的热情和努力。如果说希腊神话里的西西弗的悲剧性境遇是他对大地的无限热爱所必须付出的代价,那么,人世间的西西弗——众哲学家们——所承受的生命之重负便是他们对星空的无限仰望所必须付出的代价。

　　世人总是把哲学家们留在地平线上,世人总是看到他们身上的重负。然而,加缪在评价西西弗时如是说:"他爬上山顶所要进行的斗争本身就足以使一个人心里感到充实。应该认为,西西弗是幸福的。"

"语言是人的家园"。在此,我们可以把这句话看得活些,语言是人的家园,思想当然也就可以成为人的家园。语言是思维的工具、是思想的产物,思维的每一步发展都有相应的语言伴随。没有语言,思想得不到表达。语言对于人类而言,是一种须臾不可离的工具。迄今还只有人类才拥有语言文字这一事实,似乎也可以使我们有道理得出进一步的结论,即人类本身就是语言造就的。人类摆脱不了语言的桎梏,人一生下来就要在语言的世界中生活,没有语言我们就寸步难行。对此,马克思和恩格斯曾经这样评论道:"'精神'从一开始就很倒霉,注定要受物质的'纠缠',物质在这里表现为震动着的空气、声音,简言之,即语言。"人不可能像动物那样越出语言、思想或精神而直接地生活在外在世界之中。

德国哲学家恩斯特·卡西尔也正是在此意义上把人看做是"符号动物"。他认为,人不是像动物那样直接地生活于物理世界之中,而生活在符号的空间之内。他指出:"我们必须分析符号的空间。一探讨这个问题,我们就处在了人类世界与动物世界之间的分界线上。就有机体空间而言,就行动空间而言,人似乎在许多方面都远远低于动物。动物天生就具有的技能,一个儿童必须靠学习才能掌握。但是,人的这种缺陷被另一种天赋所补偿,这种天赋是只有人才发展了的并且与有机界中的一切事物没有任何相似之处。人并非直接地,而是靠着一个非常复杂和艰难的思维过程,才获得了抽象空间的观念——正是这种观念,不仅为人开辟了通向一个全新的知识领域的道路,而且开辟了人的文化生活的一个全新方向。"他认为,"符号化的思维和符号化的行为,是人类生活中最富有代表性的特征"。卡西尔所谓的"符号"是指语言、神话、艺术、宗教等等。说白了,他所说的"符号世界"就是指人的思想生活的世界或精神生活世界。这就是人与动物之间的本质性的差异。于是,他进一步说道:

> 人不再生活在一个单纯的物理世界宇宙之中,而是生活在一个符号宇宙之中。语言、神话、艺术和宗教则是这个符号宇宙的各部分,它们是组成符号之网的不同丝线,是人类经验的交织之网。人类在思想和经验之中取得的一切进步都使这符号之网更精巧和牢固。人不再能直接地面对实在,他不可能仿佛是面对面地直观实在了。人的符号活动能力进展多少,物理实在似乎也就相应地退却多少。在某种意义上说,人是在不断地与自身打交道而不是在应付事物本身。他是如此地使自己被包围在语言的形式、艺术的想象、神话的符号以及宗教的仪式之中,以致除非凭借这些人为媒介物中介,他就不可能看见或认识任何东西。

人是有思想的动物,他只有凭借思想或思维或思维的工具才能够认识外在的东西或事物。否则,他将什么也看不见。如果你明白了以上所说的道理,那么这一点道理应该是很浅显的。从而你也就明白了,人与外在世界到底具有什么样的关系了。王阳明就很精致微妙地表达了这样的思想。《传习录》记载：王阳明和他的弟子们到南镇地方游山，一个弟子指着山中的花树问道："天下无心外之物，如此花树在深山中自开自落，于我心亦何相关？"阳明答道："你未看此花时，此花与汝心同归于寂，你来看此花时，则此花颜色一时明白起来，便知此花不在你的心外。"罗素是这样看的，卡西尔是这样的看的，现在我们又看到更早的时候，王阳明也是这样看的。这真是英雄所见略同。这样的看法既符合科学，更符合哲学。当诗人吟咏"山光悦鸟性，潭影空人心"时，你应该知道的是，并不是山光使鸟有了愉悦的心情，而是山光的绰约和鸟的幽鸣使诗人有飘然欲仙的感觉。是因为诗人先有赏心悦目之心情，而后才见山光之绰约与鸟之幽鸣的乐趣。也不是"潭影"空"人心"，而是人心空，潭影才能空。所以是"人心"空潭影。真正地说来，抒情诗人并不是在对着自然界吟唱，而是对着自己的心灵在歌唱。因为自然界只不过是枯燥无味的，既没有声音，也没有香气，也没有颜色，只有质料在毫无意义地和永远地互相撞击着。

我们生活在宇宙之中，但我们自己的真正的家园却在我们自己的思想或精神之中。因此我们获取美好幸福生活的最佳途径就是要建造自己的精神的或思想的家园。如何建造？建造自己的精神的或思想的家园，就是要去发现真正属于人自己的本性或本质，必须摆脱人的一切外在的和偶然的特性。马可·奥勒留在《沉思录》中说道：

《荒野中的基督》(伊万·尼古拉耶维奇·克拉姆斯柯依,1872)

俄罗斯巡回画派画家伊万·尼古拉耶维奇·克拉姆斯柯依的这幅经典名作借用了耶稣被困于荒野、受到魔鬼诱惑、不知何去何从的宗教题材,然而画面中陷入沉思的主人公表情十分深沉,毫无宗教的神秘感,更像是一位典型的俄罗斯知识分子,处于精神的十字路口,正在思考"俄罗斯向何处去""俄国人怎么办""我到底何去何从"这样一系列深刻的问题。画面近景乱石铺陈,远景空旷无垠;黎明时光,地平线上升起一抹朝霞。这清冷的色调,烘托出人物内心的痛苦与孤独。苦苦思索的表情赋予了他的面部高贵的精神气质,对祖国、民族乃至人类命运的自觉承担使他成为一位真正"在世的基督"。

犹太人有句谚语:"人类一思考,上帝就发笑。"这句话用来警醒人类理性的限度是很有意义的,但人类终究不能放弃思考这一类的精神世界的活动,是思想和精神使人真正实现自己的本性,终究成其为人。

不能使他成为一个人的那些东西，根本就不能称为人的东西。它们无权自称为是属于人的东西；人的本性与它们无涉，它们不是那种本性的完成。因此，置身于这些东西之中，既不是人生活的目的，也不是目的亦即善的完成。而且，如果任何这些东西确曾与人相关，那么蔑视它们和反对它们则不是人的事，……不过事实上，一个人越是从容不迫地使自己排斥这些和其他这样的东西，他也就越善。

卡西尔从中得出的结论是："所有那些从外部降临到人身上的东西都是空虚的和不真实的，人的本质不依赖于外部的环境，而只依赖于人给予他自身的价值。财富、地位、社会差别、甚至健康和智慧的天资——所有这些都成了无关紧要的。唯一要紧的就是灵魂，灵魂的内在态度。"关爱自己的灵魂，守望自己的灵魂是我们自己的职责。只有灵魂才是真正属于我们自己的东西，他/它规定着我们人为什么是人的本质属性。

四

哲学的方法

我们既然这样地排斥了稍可怀疑的一切事物,甚至想象它们是虚妄的,那么我们的确很容易假设,既没有上帝,也没有苍天,也没有物体;也很容易假设我们自己甚至没有手脚,最后竟没有身体。不过我们在怀疑这些事物的真实性时,我们却不能假设我们是不存在的。因为要想象一种有思想的东西是不存在的,那是一种矛盾。因此,我思故我在的这种知识,乃是一个有条有理进行推理的人所体会到的首先的、最确定的知识。

——笛卡儿

《一位哲学家的肖像》,出自于俄国女艺术家柳博芙波波娃之手。图中的原型人物是俄国哲学家弗洛任斯基。

"哲学是什么"可以说是人类所能接触到的一个最大的问题。对于这样一个问题,我们简直无法回答,我们不能说它就是什么。你说它就是什么,有人也会用差不多同样的方法说,它就不是什么。所以我们所能采用的最好的方法就是描述的方法。这就是采用迂回包抄的方法逐渐地逼近"哲学是什么?"这一令人头痛而又棘手的问题。

在前面,我们已经指出过,通过哲学家所讨论的哲学问题是我们了解哲学究竟是什么的一个很好的途径。哲学当然就存在于哲学问题之中。不断地提出问题既是哲学家的品行,当然也更是哲学的本质特性。可以这样说,没有哲学问题也就没有哲学和哲学家。提出问题,就得解决问题;要解决问题,就得要分析和讨论问题。解决问题、讨论和分析问题也就必然要采取某种方法或途径。哲学家讨论、分析和解决问题的方法显然是不同于科学家所运用的方法。但哲学家必须用方法来讨论、分析问题是不应该有疑义的。方法好比是过河的桥或摆渡的船。没有桥或船，我们就不可能从此地到彼地。

中国现代哲学家金岳霖曾经说过，哲学是成见。什么叫做成见呢？成见就是人们持守不变的或者说是顽固坚持的一种观察生活和人生的看法。成见在汉语中似乎是一个贬义词。比如一个人对某种问题总是从他自己的观点来看，这本无可厚非。人都有坚持自己的看法的权利。但问题在于，他始终坚持自己的看法，却拿不出什么像样的理由或道理，而在那儿固执己见，胡搅蛮缠。想来，我们都是不愿意与这样的人打交道。为什么？太累人且坏事。这样的人显然是缺乏理性。那么什么又是理性呢？其实，所谓的理性就是凡事都能够讲出系统的道理，来说明为什么我们要这样说或做。于是，金岳霖补充道："哲学是说出道理来的成见。"

什么是"说出道理"呢？如果把我们的"成见"看做是论点，那么"说出的道理"就是支持"成见"的论据。成见要能够站得住脚，就必须首先要求论据要能够站得住脚。而论据要能够证明论点，我们就必须明确知道，第一，你所掌握的论据与你所想要证明的论点之间有还是没有关系，因为你可千万不能"张冠李戴"啊！第二，你所运用的论据能不能充分地支持你的论点，因为论据支持论点有一个程度的问题。如果你的论据能够完全地支持你的论点，那么这样的论据便是充分的。如果你的论据不能够完全地支持你的论点，那么这样的论据便是不充分的。不知你留意到没有，现在又出现了新的问题。这就是什么叫"充分"？从逻辑上讲，充分是与必要相对的。所谓"充分"是说"有之必然,无之未必不然"。而所谓的"必要"是说"无之必不然,有之未必然"。讲到这里,我们所涉及的都是思想方法的问题。哲学尤其注重方法论的问题。

综观哲学史,可以这样说,一种哲学思想的产生都必然地伴随着一种特有的哲学方法论,不同的哲学家有不同的哲学方法论。哲学方法论是哲学思想的基础,或者说哲学方法论是逻辑地先于某种哲学思想的。哲学方法论会给哲学家一种观察问题和分析问题的角度、模式,有的哲学家特别地重视哲学方法论在哲学研究中的作用,比如罗素就是这样的一位。他以为,真正的哲学问题可以归结为是逻辑的问题。他把哲学方法论的问题看做是高于哲学本身,这是我们所不能同意的。因为在任何时候、任何地方,哲学方法论始终是一种工具,工具是为目的服务的。哲学方法论是为了论证某种哲学思想才有其存在的必要和价值。这就决定了,我们不能以方法代替目的。不能说哲学方法或论证是哲学的核心或实质。这样说就是"喧宾夺主"。《金刚经》上说:"一切有为法,如梦幻泡影;如露亦如电,应作如是观。"佛家的说法无疑有其极端处,但它却也正确地指出了"佛法大义"是不同于"一切有为法"的,所以它对于上述的看法也确实是一"当头棒喝"。

1 怀疑方法

柏拉图和亚里士多德曾经明确地指出过,哲学起源于惊讶。哲学的进一步发展却似乎要依赖于怀疑的精神或方法。如果对一切都熟视无睹,习以为常,那么思想就会陷于停顿,变成一潭死水。为学贵在于有疑,疑则有进。这种怀疑精神当然是哲学研究的必要条件。没有怀疑精神,就不可能有真正的哲学思想,就不可能有真正的学术研究。可以说,怀疑的精神是哲学思想不断进步的基本动力。强烈的怀疑精神可以促使思想的解放和进步。学习和研究哲学尤其要重视怀疑的精神和方法。凡事都要问一个"为什么"。

胡适在中国现代史上的新文化运动中是一个叱咤风云的人物。他所以能够成就一番大的事业,就在于他首先系统地运用怀疑的方法来重新评判中国传统的文化。于是他发问道:"(1)对于习俗相传下来的制度风俗,要问'这种制度现在还有存在的价值吗?'(2)对于古代遗传下来的圣贤教训,要问'这句话在今日还是不错

胡适(右)师从美国著名哲学家杜威(左),他的大胆质疑、小心求证的方法论深受美国实验主义哲学的影响。

吗？'(3)对于社会上糊涂公认的行为与信仰,都要问'大家公认的,就不会错吗？人家这样做,我也应该这样吗？难道没有别样的做法比这更好,更有理,更有益吗？'"对于历史、社会上公认的制度教训、圣贤遗训、行为信仰,他都要问一个为什么,都要重新拷问它们的合理性及其存在的价值,要"重新估定一切价值"。

他的方法论就是他终生服膺的实验主义的方法论。这个方法论可以概括为五个阶段：

第一阶段为困惑、疑虑的阶段；

第二阶段为决定这困惑和疑虑究竟出现在什么地方；

第三阶段假定种种解决疑难的方法；

第四阶段选择许多假设中的一种作为解决困惑和疑虑的可能的解决方案；

第五阶段思想者在这一阶段要小心求证,把他选择的假设加以证实,以求对他的疑虑和困惑加以解决。

胡适所理解的实验主义方法论的核心部分当然是疑难和困惑。这方法论五步都是围绕着困惑和疑难进行的,所以他的方法论又可称之为怀疑的方法。他对中国传统文化的批判,他在整理国故方面所取得的成就,可以说都是在这样的虽简易却又切实可行的方法论的指导之下进行的。

胡适的怀疑方法对中国传统文化具有极大的破坏力。但在方法论上讲,他的这种方法还是极其温和的,是不彻底的,而且运用的范围也是极其有限的。如果与西方哲学史上的怀疑主义方法论相比,那么胡适的怀疑方法简直可以说是小巫见大巫。

知觉怀疑论

在西方哲学史上有一种理论叫做知觉怀疑论。持有这种看法的哲学家认为,根本没有合理的理由使我们认为我们的知觉判断是正确的。他们认为,相信自己的知觉判断,认为它们反映了外在的事物的看法是毫无任何理由的。如果你硬要坚持这样的看法,就是一种独断论者的武断的看法,因为你没有什么充足的理由来支持这样的看法。怀疑论者指出,你以为你所说的关于外在事物的知觉判

哲学史上最早的相对主义者——怀疑主义学派中最重要的人物卡尔尼阿德(前214—前129)。他是一位出色的辩论家,掌管过柏拉图学园,曾经因访问罗马时所做的一系列公开演讲而引起轩然大波;因为他在第一次演讲时坚定地维护柏拉图和亚里士多德有关正义的思想,但第二次演讲时却给予了全盘否定。

断是真的,但这样的判断很可能只是你梦中出现的一种景象。因为你完全有可能始终处在梦境之中,而且你的整个人生也可能就是一场梦。如果真是这样的话,那么根本就不可能存在一个什么外在的世界。如果真是这样的话,那么你所看到的所有的各种各样的事物也都只是在你的梦境中出现的幻影,因此它们也并不具有任何的实在性。你可能会这样来回答怀疑论者说:"这怎么可能呢?你看,我正在读着一本书。你也是看见的,因此你也可以证明我在看书。这难道不是千真万确的事实吗?这有什么可以值得你怀疑的吗?"你以为这样就能够驳倒怀疑论者吗?你可能会在自己的心里这样地寻思:"这是当然的事了。"但事与愿违。

让我们且先看看怀疑论者是怎么样回答的。他说:"你现在正在读书,这是谁也不能怀疑的。这是一件确确实实的事。谁怀疑它,谁就是一个不正常的人。但你想到过没有,你正在读书难道不可能是你的漫长的梦境中的一件事吗?如果事实确是这样的话,那么你又有什么理由说:你正在读书是一件确确实实的事呢?"

果真人生就是一场梦幻的话,那么外在世界也就根本没有实在性,或者说也就根本不存在了。这难道是真的吗?当然,我们谁都不愿相信,这是真实的情形。但是愿意还是不愿意是情感的问题。而我们现在所讨论的问题却是一个纯粹的理性的问题,所以我们不能以自己的意愿来决定或解决哲学问题。

知觉怀疑论者的上述看法很难说它就是一派胡言。从逻辑上讲,我们很难证明它是虚假的,是错误的。而且我们认为这样的看法

《照镜子的妇人》(让·劳克斯,1720)

休谟认为,当我们进行反思时,发现自己反思的是感觉经验,诸如思维、情感等等,我们永远不可能遇见拥有上述感觉经验的经验自我。因此,在休谟看来,我们无法确信经验自我的存在。

有其合理性和可能性。但是,我们也不得不指出这样的看法很难说就是正确的。

反对知觉怀疑论者的有力武器往往是常识。持常识看法的人经常有这样的一种本能的看法,即外在世界是实实在在地存在的,我们日常的一切都是在这样的世界背景之下进行的。不但这样的世界是实在的,我们所见所闻的大多数的事和人在一定程度上都是实在的,因此我们有什么必要去怀疑它们的实在性呢?因为我们都知道梦与现实生活之间的种种区别。虽然我们很难找到一个合理又公正的标准在理论上将这两者加以区别。但是在实际生活中,我们将这两者加以区别似乎并不是一件很困难的事情。于是,我们就想当然地认为,如何去区别梦与现实生活并不会构成理论上的或实际的困难。我们很有可能在短时间内不清楚自己是在做梦还是处于一种清醒的状态,但不用太长的时间,我们似乎就能确定自己是否真正地在做梦。

比如当你在梦中梦到你的一个最好朋友在一场突如其来的车祸中不幸遇难,你感到接受不了这一事实,无限地悲痛,于是放声悲恸号啕。过度的伤感使你突然从梦中醒来,醒来后你才发现你的好朋友安然无恙,他正在你的身旁来回踱步。于是,你感到有了充分的证据表明梦与现实确实是能加以区别的。这就是大多数人所拥有的常识的看法,我们对之确信无疑。

你也可以如古时候的庄周,在梦中变成了一只美丽的花蝴蝶,又可在梦中进一步由蝴蝶变回成庄周。那么是庄周变成了蝴蝶,还是由蝴蝶变成了庄周呢？庄周本人对此感到迷惑不解，"不知周之梦为蝴蝶与？蝴蝶之梦为周与？周与蝴蝶，则必有分矣，此之谓物化。"庄周认为，蝴蝶与周，周与蝴蝶之间的不同仅仅是物的变化不同形态，两者之间没有本质性的区别。究竟蝴蝶变为庄周，还是庄周变为蝴蝶，是没有必要做进一步的探讨，不必在此两者之间强作区分，这是庄子的看法。你可能会不同意，这并没有什么关系。你尽可以不同意任何一种看法。这里的关键却在于，当你不同意一种看法或赞同一种看法的时候，你必须要能拿出充分的理由或证据来说明你为什么不同意某一看法或赞同另一看法。我们还是暂且回到"庄周梦蝶"这一故事。你可能会斩钉截铁地指出，要区分庄周与蝴蝶并不是一件"难于上青天"的大事。因为梦总有醒的时候。当梦醒之时，你还是你，你绝不可能是一只美丽的花蝴蝶。为什么呢？因为我们都确凿地相信，在现实中的人与蝴蝶之间有质的差异。这就是说，在现实中你不可能变成一只蝴蝶，变成蝴蝶的可能只存在于梦境之中。但是在梦境之中，你确确实实地变成了一只蝴蝶，而且你同时认为自己实实在在地变成了蝴蝶。

好了，现在问题出现了，你是怎么知道你变成一只蝴蝶仅仅是在一场梦中才出现的事呢？因为很有可能的是，那并不是一场梦，而是实实在在的事实。你可以在梦中变成蝴蝶，你也同样可以在梦中变成你，那么在这两件不同的事情中，我们怎么样才有可能做出正确的选择呢？

常识认为"日有所思，夜有所梦"，认为梦是日常生活经验的影

"昔者庄周梦为蝴蝶,栩栩然蝴蝶也,自喻适志与,不知周也。俄然觉,则蘧蘧然周也。不知周之梦为蝴蝶与,蝴蝶之梦为周与?周与蝴蝶,则必有分矣。此之谓物化。"(《庄子·齐物论》)

《梦蝶》(Lu Chih)

子。但是,我们也可以完全地颠倒过来说,日常生活是梦中生活的影子。这就是说"日有所梦,夜有所思"。这两种说法究竟哪一种更合理些?在这两者之间你更愿意选择哪一种呢?如果现实的生活太过于冷酷无情,那么你只能向往于梦中幸福的生活。但你肯定不愿意认为自己生活中的亲人仅仅是梦中人。当然你更不愿意自己也成为梦中人,所以我们一般都会选择前一种。这种选择的根据在什么地方呢?

但是我们要知道的是,常识的说法并不具有理论的说服力。区别日常生活与梦境的一个比较有力的说法是梦中的生活与人们平时的生活并不互相适应或吻合,而且梦中的生活也经常是彼此冲突。正是根据这种经验生活的连续性和连贯性,我们才能比较有信心地对日常生活和梦境生活加以区别。我们把有连续性和连贯性的经验生活称之为现实生活,而把那些缺乏连续性和连贯性的生活叫做梦。

运用连续性和连贯性来对现实生活和梦境生活做这样的区分有充分的根据吗?这样的区分是合理的吗?怀疑论者指出,做出这样的区分是不充分的,是缺乏合理性的。因为我们在这里所说的这两种生活都是梦中生活的部分,它们之间的区别不是什么现实生活与梦境生活的区别,而是梦中生活的两个不同部分之间的区别,所以所谓的有连贯性和连续性并不就是区分这两种生活的充分的标准。因为我们可以说,整个人生都在一场梦境之中。

面对怀疑论者的凌厉攻势,我们该怎么办呢?是退却?还是坚守?退却意味着我们自己都变成了梦中人,意味着我们只能在梦中去讨生活,就像《牡丹亭》中的那种生活。尽管美丽,但却没有任何的真实性和现实性;坚守意味着我们必须能够拿出足以驳倒怀疑论者的理由。我们当然要坚守我们自己的哲学立场,我们至少相信我们自己是现实中的人。我们所讨论的问题也是由于现实生活与梦境生活的区别而发生的。不到无路可退的境地,我们是不应该退却的。那么出路何在呢?

我们似乎仍然可以坚持认为,梦境生活与现实生活是有区别的。这一区别是依据于这样的原则,即现实生活经验可以用来解释梦境生活,而梦境生活却很难能够用来解释现实生活中所发生的种种事情。科学的功能就在于它能够成功地解释我们生活周围所发生的一切。所以,日常生活所拥有的解释性功能是梦境生活所无法拥有的。这就是这两种生活之间的确凿无疑的区别。

而且日常生活是以外在事物为其对象,所以日常生活经验是关于外在事物的经验。而梦境生活只是存在于梦者头脑之中的,它并不涉及独立存在的外在事物。如果这个做梦者不存在了,他的梦境也就随之消亡了,这是一个不争的事实。由此可见,梦境生活并不反映外在实在,而日常生活的经验却是以外在事物为其对象的。

这样的反驳是不是具有决定性的意义呢?看来不好说。似乎这样的理由并未能够彻底地驳倒怀疑论者的论点。因为彻底的怀疑论者是彻底地主张我们所谓的外在的事物也都不过是梦境生活中的产物而已。而且如果整个人生都是一场梦境的话,那么我们也就终其一生也走不出这样的梦境。如果真是这样的话,那么我们的命运也就如孙悟空一样,本领再大也跳不出如来佛的手掌。因此我们也就无从知道我们的生活是否反映外物。可见,这样的怀疑论者所提出的问题是无法回答的。因为他们是彻底地否认了任何知识的可能性。他们认为,我们一无所知,我们所可能拥有的唯一的知识就是我们一无所知。讨论怀疑论已超出了我们的研究的范围,但这样的怀疑论的观点虽然无法回答,但它们的问题却具有激活我们思想的巨大的作用。它们是一帖医治人们傲慢专断的心态的清醒剂,使我们冷静下来,不要以为我们像神一样是无所不知,无所不能的。

笛卡儿的怀疑方法

在哲学史上还有一种怀疑论,是法国哲学家笛卡儿提出的,它在历史上曾经产生过巨大的影响。笛卡儿被认为是西方近代哲学的真正的奠基者。他的很多哲学思想在历史上很有争议,但他的**系统怀疑方法**至今仍然是十分有效的。如果你想了解哲学是什么的话,那么笛卡儿的怀疑方法就是你必须要知道和掌握的。

笛卡儿对一切都持一种批判和怀疑的态度。他的全部哲学的第一个信条就是"怀疑一切"。他在其《哲学原理》一书中的第一句话就是:"要想追求真理,我们必须在一生中尽可能地把所有事物都来怀疑一次。"我们都想要学习哲学,而学习哲学的开端就是要"怀疑一切"。既然如此,我们也应该在此对笛卡儿的"怀疑一切"来一次怀疑。他为什么要"怀疑一切"呢?是不是他在生活中受过谁的骗,上过谁的当,所以他要以一种严格的挑剔的理性态度来审视一切?不是的,因为笛卡儿的哲学视野要开阔得多,而不是津津于生活的琐事。那么他为什么要"怀疑一切"呢?他说,感觉可能欺骗我们,理智也可能会欺骗我们。特别是"我们在成长为大人以前都曾经是儿童,都必须有很长一段时期为我们的欲望和我们的教师所支配,而教师们每每是彼此冲突的,他们之中谁都未必总是教给我们最好的看法。所以我们的判断要想有一生下来就完全运用我们

荷兰画家詹利芬斯为笛卡尔创作的肖像画。

的理性并且一直只受理性的指导而得来的那些判断那样纯洁,那样可靠,是几乎不可能的。"甚至很有可能存在一个无所不能的恶魔,它使我们具有了关于各种内容的感觉经验。所以,怀疑外在的世界的存在是很有可能的,甚至"很容易假设,既没有上帝,也没有苍天,也没有物体;也很容易假设我们自己甚至没有手脚,最后竟没有身体。"

笛卡儿认为,想象这样的一位恶魔的存在是很容易的。而我们现在却处在了这样的一个十分尴尬的境地,即我们现在要否定这样的恶魔竟成为了一件根本不可能的事情了。彻底的怀疑论者可以怀疑这样的恶魔的存在,因为他是无所不疑的。彻底的怀疑论者,我们在上面看到,是无往不胜的。但这一次他们却要败倒在笛卡儿的脚下了。为什么呢?因为笛卡儿把难题推给了彻底怀疑论者。笛卡儿这样说道:"你说这样的恶魔不存在,那么你是怎么知道恶魔是不存在的。你可以说恶魔不存在,那么请你拿出你的证据来充分地证明这样的恶魔是不存在的。"历史上证明上帝存在有不少的困难,而现在要我们否认恶魔的存在却是一件不可能的事情了。你说,这荒唐还是不荒唐呢?恶魔的存在在逻辑上是可能的,任何事情,只要不是自相矛盾的,那么在逻辑上都是可能的。

于是,笛卡儿在《第一哲学沉思录》中这样写道:

> 因此我要假定有某一个恶魔,而不是一个真正的上帝(他是至上的真理源泉),这个恶魔的狡诈和欺骗手段不亚于他本领的强大,他用尽了他的机智来骗我。我要认为天、空气、地、颜色、形状、声音以及我们所看到的一切外界事物都不过是他用来骗取我轻信的一些假象和骗局。我要把我自己看成本来没有手,没有眼睛,没有肉,没有血,什么感官都没有,而错误地相信我有这些东西。
>
> ……
>
> 因此我假定凡是我看见的东西都是假的;我说服我自己把凡是我装满了假话的记忆提供给我的东西都当作一个也没有存在过。我认为我什么感官也都没有,物体、形状、广延、运动和地点都不过是在我心里虚构出来的东西。那么有什么东西

可以认为是真实的呢？除了世界上根本就没有什么可靠的东西外，也许再也没有别的东西的了。

笛卡儿继续说道："我曾经说服我自己相信世界上什么都没有，没有天，没有地，没有精神，也没有物体；难道我不是也曾说服我相信连我也不存在吗？"但是如果我曾经说服我自己相信过什么东西，或者仅仅是我想到过什么东西，那么毫无疑问的我是存在；而且如果有一个非常强大、非常聪明的骗子，他总是用尽一切力量来欺骗我。因此结论自然也就是："如果他骗我，那么毫无疑问我是存在的；而且他想怎么骗我就怎么骗我，只要我想到我是一个什么东西，他就总不会使我成为什么都不是。"因此如果一个骗子在骗我是一个事实，那么我的存在也就是一个确凿无疑的事实。如果我在思想，那么我就存在；如果我在怀疑，那么我也同样存在。

但是这个为骗子所骗并且能思想、能怀疑的"我"又究竟是什么呢？显然这样的"我"不是一个物体。因为物体如桌子、椅子、树木等是物理客体，恶魔会使我相信它们是不存在的，而且它会使我产生一种幻觉，就是关于这些东西存在的幻觉。但是至少我意识到我具有关于这一切的经验。于是笛卡儿总结道：

> 现在我觉得思维是属于我的一个属性，只有它不能跟我分开。有我，我存在这是靠得住的；可是，多长时间？我思维多长时间，就存在多长时间；因为假如我停止思维，也许很可能我同

这一雕刻描绘了笛卡儿的主要生活场景。其中的一个场景(上左)描绘了笛卡儿的私生女弗朗西娜于1640年9月7日去世。另一场景(上右)描绘了笛卡儿成为瑞典女王克里斯蒂娜的私人教师,这一角色一直扮演到1650年2月11日他去世为止。

时停止存在了。我现在对不是必然真实的东西一概不承认；因此，严格来说我只是一个在思维的东西，也就是说，一个精神，一个理智，或者一个理性。……我既然已经确实知道了我存在，同时也确实知道了所有那些影像，以及一般说来，凡是人们归之于物体性质的东西都是很可能不过是梦或幻想……那么我究竟是什么呢？那就是说，一个在怀疑，在领会，在肯定，在否定，在愿意，在不愿意，也在想象，在感觉的东西。

一个骗子要欺骗一个人，就必须有这样一个被欺骗者存在着，否则这样的骗局就不可能发生。既然我被骗子欺骗了，那么我也就存在着。但是这里的"我"并不是通常意义上的有一定高度并有一定重量的作为物体的我，而只是一个能思想、能怀疑的我。这一骗子骗我相信存在着一个世界。因此我的存在也是肯定的。

如果说我是一个能思维的存在，那么当我说我是一个能思维的心灵时这一说法的具体含义是什么呢？这个问题具体说就是，在笛卡儿意义上的我所具有的知识是关于什么的知识。我知道我作为一个能思维的东西存在着，我知道我会思想、会怀疑、会感觉，我甚至知道我有感觉经验。

我知道我有感觉内容，那么我们能否由我具有感觉内容而进一步断定存在着一个能够引起感觉内容的物理世界呢？笛卡儿是断然否定了这一看法。他认为，我所具有的一切感觉内容是恶魔所给予的，是恶魔引起了我的感觉经验。这样的物理世界就是恶魔欺骗我们相信其存在的主要的一件事情。我们有任何方法证明这样的恶魔不存在吗？

笛卡儿是通过证明仁慈的上帝的存在来否定恶魔的存在。这位仁慈的上帝是不会欺骗我的。事实上，很多研究笛卡儿哲学思想的学者都认为，笛卡儿引进这样的上帝作为感觉经验来源是他的哲学论证中的一个错误。因为既然他通过设立这一位仁慈的上帝否定了恶魔，他又怎么能够证实他对上帝的信念，他又怎么能够知道上帝是感觉经验的来源呢？而且他关于上帝产生人的感觉经验的看法本质上与恶魔产生人的感觉经验的看法并没有实质性的区别。如果我们批评了他的关于恶魔的设定，那么我们也就必然地要推翻他关于上帝存在的证明。

在笛卡儿的哲学思想中，"怀疑一切"并不是目的，而是一种手段。通过这一手段清除一切可以怀疑的东西，以便空出地方，"然后或者安放上另外一些更好的意见，或者当我把原来的意见放在理性的尺度上校正之后，再把它放回去"。怀疑是为了排除可以怀疑的东西，其目的是为了寻找无可怀疑的"清楚明白"的观念。笛卡儿是否找到了这样的"清楚明白"的观念呢？如果你仔细地阅读了我们关于笛卡儿的怀疑方法的论述，那么你肯定会清楚，他所找到的所谓"清楚明白"的观念就是能思维、能怀疑的"我"。要注意的是笛卡儿所谓的"我"所具有的唯一属性就是思维或怀疑或思想。这样的"我"可以没有身体，可以没有我们所认为的我必须具有的一切，甚至没有"我"生活于其中的天、地、空气、声音、形状等等物理客

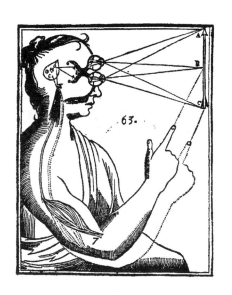

笛卡儿的《论人》(1644)被看做是第一部生理学著作,该图由笛卡儿亲手绘制,显示了对图像的感官认知过程与肌肉反应之间的假想关系。图像从眼睛传到松果腺,图像与松果腺之间的互动决定了肌肉的运动。

体。但能思想、能怀疑的"我"是不可能没有的。可见,这样的能思想或能怀疑的"我"是笛卡儿哲学思想体系的阿基米德点。于是,他的哲学思想体系中的第一条原理就是"我思故我在"。

从这一条原理出发,笛卡儿又进一步推出了"上帝"这一观念。他认为"怀疑"表明我是不完善的,但我的心中却存在着一个无限完善的"上帝"观念,上帝的观念根本不可能是由我产生的,因为本身不完善的东西不可能产生完善的东西。完善的东西必然只能由完善的东西形成的,而世界上极完善的东西只有一个,这就是上帝。这一推导过程暗含着这样的前提,这就是上帝必须先存在,然后才有可能由上帝把"上帝"的观念放进我的心中。就是这样从我心中的上帝的观念，笛卡儿推出了上帝的存在，并进而推出了外物的存在。

笛卡儿就是运用上述的方法一步一步地形成了自己的哲学思想体系。如果你对笛卡儿的哲学思想感兴趣的话，可以花费些时间读读笛卡儿的哲学著作。

笛卡儿的系统怀疑方法在哲学史上产生了巨大的影响，这种影响可以说一直持续到了今天。我们现在所处的时代应该说已经大大地不同于笛卡儿的时代了，但哲学的怀疑论思想在今天依然和在笛卡儿时代一样有其存在的价值。需要注意的是怀疑的方法须有现代的形式，现在流行的是疯狂的科学家的怀疑论设定。这一设定完全是笛卡儿关于恶魔设定的现代翻版。

它的具体内容如下：这一现代怀疑论假设至少有一位具有物理客体意义上的有机体，他就是一位科学家。他的全部的人生目的就是要欺骗我们，以便让我们相信存在着比如树木、石头、日、月、星辰等等。

由于时代的前进，这位科学家已经完全可以运用现代的科技方法来进行欺骗了。他的具体做法是在他的实验对象的头盖骨上凿个洞，当然这样的行动必须是毫无疼痛地进行。然后把电极的一端插入实验对象的脑的某个部位，电极是通过电线与实验仪器连接在一起的。这位科学家通过电极把电流刺激送进受试者的大脑之中，他控制着实验仪器，借助于驾御各种开关把自己的各种疯狂的想法灌输给受试者。

当我们看见一块石头,我们会说:"我看见一块石头在那儿。"如果在那儿并没有石头,但是由于这位科学家控制着我们的头脑,使我们认为有一块石头在那儿,那么"我知道一块石头在那儿"就不可能是真的。因为如果这一信念是假的,我们就不能知道到底有还是没有石头。如果我们确实知道有石头,那么我们就能知道这位科学家没有欺骗我们。但是根本不可能有人知道这样的事实,即没有科学家在欺骗人。因此结论也就是,没有人能够知道有石头这一事实。

　　这一论证似乎与日常生活中所经常运用的论证不同。在日常生活中,我们会经常碰到这样的事情。例如当我们听到一声巨响,我们就会相信是汽车的轮胎爆炸了。要验证这样的事情是相当简单的,你只需跑到室外看一看,果然有一辆汽车的轮胎爆炸了,于是我们也就知道我们的信念是对的。又如当医生轻轻地敲打你的腹部之后,她相信你是得了阑尾炎;当她看见肿胀的阑尾之后,更加确信你是得了阑尾炎。眼所见的便是直接证据,而听见和轻轻地敲打就是间接证据。直接证据和间接证据的结合更加强了我们的信念。但是在恶魔的设定和科学家的设定之后,事情就变得复杂万分。如果这样的设定是正确的,那么作为欺骗的对象我们也就自然会相信我们看到了泄了气的汽车轮胎或者看到了肿胀的阑尾。事实上,我们所看到的这一切只不过是一场大骗局中的部分。但是我们都受了骗,认为物理客体实实在在存在。

　　这就是科学家的设定。

在哲学史上,哲学每前进一步都必然伴随着怀疑论者的身影。几乎每一个哲学问题都毫无例外地受到怀疑论者的挑战。如古希腊的怀疑主义者皮浪这样说道:"我们对任何一个命题都可以说出相反的命题来。"所以说我们对事物可以形成确切知识的看法是武断的,是没有经过审慎的思考后做出的结论。在哲学的讨论和研究中完全否认怀疑论的理论价值和意义是错误的,因为怀疑论至少能推进我们更加深入细致地研究哲学领域所涉及的每一个理论问题,能够激活我们的思想,使我们的思想始终处于一种活跃的状态之中。如果说哲学起源于惊讶,那么我们便可以接着说怀疑却推进着哲学的研究和思考。我们每天都看见太阳从东边升起,对此我们确信无疑。但英国哲学家休谟却感到迷惑。他的问题不是说,他怀疑太阳明天会从东边升起,而是追问你说太阳明天还将从东边升起,那么你这样说的根据何在?记住,他要求的是你给他一个根据或原理性的东西来使他相信太阳明天还将从东方升起。可见,休谟对我们日用不知、熟视无睹的现象,表示出极大的怀疑。他的发问可以说提出了哲学史上一个最为困难的问题。直到今天,我们还是不能解决他的问题。但他的问题促使历史上的许多哲学家执著地去寻求这个问题的答案,康德就是在休谟的触动下从其独断论的"迷梦"中惊醒的。人们都普遍地认为,自然界存在着规律性的东西,我们的任务就是去发现这些规律,但休谟却对此怀疑。他指出,自然界并没有这样的规律,我们之所以认为有这样的规律,是由于一类事物中的一个出现时,另一类中的另一个事物也同时出现。这样的现象不断出现,于是人们也就习惯于认为,这两类事物之间有着规律性的东西。休谟说:"不对。"现象之间并没有这样的规律。所谓的规律只不过是我们的心理上的期待或联想。康德认为,休谟的看法是对的,因此他的哲学任务就是要寻求普遍必然性的东西在什么地方。他的答案是这样的:具有普遍必然性的规律不存在于外在世界,而是认识主体给予自然界的,人为自然立法。康德的看法,我们可以不同意。但康德试图去解决休谟的问题的历史,我们似乎不能否认。康德之后的许多哲学家也在追随康德的足迹认真地去解决休谟的问题。

在此我们必须注意的一个问题是,怀疑论哲学思想关注的焦点究竟是什么呢?皮浪主义之所以提倡怀疑主义是要借助于否认外在事物的知识的可能性来达到"不动心"、不受干扰的理想生活。对外在事物采取冷漠无情的态度的目的,是要人回过头来关心自己。笛卡儿怀疑一切之后,得到的是"清楚明白"的"我"。贝克莱否认物质实体的真实性,认为"物是感觉的复合"。但他却认为精神实体是不可否认的,上帝是确确实实地存在的。休谟则更进一步地指出,与物质实体一样,精神实体也同样是不存在的,存在的只是一束知觉之流。康德在休谟哲学思想的基础上百尺竿头更进一步,高扬认识主体的自我意识。罗素也同样指出,什么都可怀疑,唯一不可怀疑的是感觉材料,感觉材料是私人的。叙述至此,卡西尔的话情不自禁地在我们耳边响起。他在其《人论》一书中说道:"即使连最极端的怀疑论思想家也从不否认认识自我的可能性和必要性。

康德认为,事物如果不能为我们的身体器官所把握,也就不可能成为我们的经验。在约翰·埃夫雷特·密莱司的画作《盲女》(1856),盲女可以欣赏协奏曲的乐声,触摸女儿的手,闻到女儿头发的味道,却永远不能"感受"身后天空的彩虹。

他们怀疑一切关于事物本性的普遍原理,但是这种怀疑仅仅意味着去开启一种新的和更可靠的研究方式。在哲学史上,怀疑论往往只是一种坚定的人本主义的副本而已。借着否认和摧毁外部世界的客观确实性,怀疑论者希望把人的一切思想都投回到人本身的存在上来。怀疑论者宣称,认识自我乃是实现自我的第一条件。为了欢享真正的自由,我们就必须努力打破把我们与外部世界联结起来的锁链。蒙田写道:'世界上最重要的事情就是认识自我。'"

为了追求真理,我们必须要将所有可能怀疑的事物怀疑一遍。在哲学研究上,或者在其他的学术领域内,我们都应该采取这样的批判和怀疑的精神。但我们在此必须要注意的是,在生活中我们不能采取同样的普遍怀疑的态度。笛卡儿就是这样规劝过我们,他说道:"只有在思维真理时,我们才可以采用这种普遍怀疑态度。因为在人事方面,我们往往不得不顺从大概可靠的意见,而且有时我们纵然看不到两种行动哪一种概然性较大,我们也得选择一种,因为在摆脱怀疑之前,往往会错过行动的机会。"胡适也是主张在学术研究上要采取严格的怀疑的态度,但在人事上他也是主张在"有疑处不疑"。这一点是很重要的。

2 分析方法

分析方法的基本性质

在笛卡儿的哲学中怀疑不是目的,而仅仅是一种手段,是为了积极地寻找"清楚明白"的观念作为哲学知识大厦的牢固基础。在笛卡儿看来,他的怀疑方法是卓有成效的。通过对笛卡儿怀疑法的介绍,我们可以清楚地看到,怀疑的进行并不是任意地进行的,而必须要能够"说出道理",或者用我们惯常的说法就是,你要怀疑是可以的,但你必须给我一些理由,让我相信你的怀疑是有理由的,而不是胡乱地瞎说一气。这就是说,怀疑也需要充足的理由。比如笛卡儿说,所以要怀疑是因为有许多偏见妨碍我们追求真理,是因为我们的老师传授给我们的知识可能是不真实的,是因为我们的感官可能会欺骗我们。同样,要分析和解决由怀疑提出的问题也需要提供充足的理由。所谓的提供理由在方法论上讲就是要提出论证。从事哲学研究的一个很重要的内容就是要学会论证的方法。从这个意义上讲,**哲学就是论证的艺术**。因此我们要学会把自己的思想组织或安排成有条理有秩序的首尾一贯的思想或观念的体系,不能使自己的思想体系互相矛盾,互相冲突。

哲学思想体系是由概念组成的。如果任何一个哲学思想体系是有意义的话,那么这样的思想意义的基本单位就是概念。这就决定了在方法论上,我们必须要做的第一步便是,概念的意义必须要明确。一个由模糊不清的概念组成的哲学思想又可能具有什么意义呢?那么概念意义明确的方法又是什么呢?稍有方法论常识或逻辑学方面的基本知识的人都知道下定义的方法是使概念意义明确的最好的方法。下定义的方法又可称之为分析的方法。英国哲学家摩尔说,分析就是给概念或命题下定义的方式。罗素也同样认罗素和怀特海的开创性著作《数学原理》，试图（运用不同于弗雷格的符号）揭示出整个算术可以直接从逻辑真理中推导出来。上图中的一页是分类假设的一部分，来源于书中探讨数学逻辑的章节。

为，分析是一种下定义的方式。所谓下定义就是把被分析的概念所具有的各种不同的特性以及它们之间的各种关系列举出来。分析哲学家之所以非常强调分析的方法，是由于他们看到哲学史上所出现的种种问题都是由于哲学家们没有真正地搞清楚他们所讨论的问题或命题的确切含义。一个连问题的确切含义都弄不清楚的问题显然是不可能得到明白无误的解决的。罗素指出，哲学中通常使用的那些概念是非常含混不清的，引起了种种的混乱，所以必须对哲学史上所使用的那些作为基础性的概念进行澄清。他说，需要加以澄清的概念有："心、物质、意识、知识、经验、因果观、意志和时间。我认为所有这些概念都是不精确的和大致近似的，它们的主要毛病是含混不清，不能够成为精密科学的一部分。"两千年来，哲学之所以没有取得决定性进展的真正原因就是我们用以表达哲学问题的语言是含混不清的。

要想解决问题,就必须首先要真正搞清楚我们要回答的究竟是些什么样的问题,这些问题是不是真正的哲学问题。这正像罗素所说的那样,真正的哲学问题都可以还原为逻辑问题。于是,他如是说道:"这并非出于偶然,而是由于这个事实,即每一个哲学问题,当我们给以必要的分析和提炼时,就会发现,它或者实际上根本不是哲学问题,或者在我们使用逻辑一词的意义上说是逻辑问题。"他的结论是:"逻辑是哲学的本质。"这样看来,你要了解哲学的本质就得知道什么是逻辑。逻辑是哲学的入门。

正是基于这样的立场,罗素反复强调,哲学的任务就是要进行逻辑分析。不仅罗素强调逻辑分析方法的重要,所有分析哲学家也都是无例外地普遍重视分析方法的重要意义,将其看成是哲学研究的主要的甚至是唯一的方法。如英国哲学家艾耶尔就清楚明白地指出过:哲学是一种语言分析活动,特别是一种下定义的活动。他这样说道:"概括言之,我们可以说,哲学定义的目的在于排除那些由于我们对语言中某些类型的句子不完全了解而产生的混乱,在这些句子中,或者因为没有同义词,或者因为现有的同义词与这些引起混乱的符号同样地不清楚,因此这种需要未能通过符号提供同义词的办法而得到满足。"由于分析哲学家中的大多数是把哲学看成是一种分析活动,所以在他们,尤其是维也纳学派的成员看来,哲学并不是与科学并列的一种学科,而仅仅是分析表达科学的命题究竟有无意义的一种活动。

在分析哲学家们看来,所谓的逻辑分析就是要以现代逻辑为工具,从形式方面分析日常语言和科学命题的意义,以便准确地解决或消解哲学问题。

根据学术界的看法,分析哲学的历史可以一直追溯到19世纪末和20世纪初英国哲学家罗素和摩尔,他们两人极力反对当时在英国哲学界占统治地位的新黑格尔的绝对唯心主义的哲学思想体系,而大力提倡新实在论的观点。新黑格尔主义是一种脱离实际生活、注重绝对统一的思辨体系,强调的是统一的思想体系的建构。罗素和摩尔则针锋相对地反对建立像黑格尔主义这样庞大的思辨哲学思想体系,而积极提倡一种分析方法,主张要一个一个地解决问题。对所要解决的问题抽茧剥丝、条分缕析,解析出概念、命题所蕴涵的种种意义及其他们之间的种种不同的关系。在他们看来,哲学就是要运用分析方法来分析、处理和解决与实际人生有着密切关系的哲学问题,而不是像黑格尔主义者或新黑格尔主义者那样沉湎于远离实际人生的纯粹抽象思辨的王国之中。

那么现在的问题就是如何来理解逻辑分析呢?

上面已经指出过,逻辑分析的任务就是要澄清概念或命题所包含的种种确切的含义。下定义就是澄清概念或命题含义的最好的办法。而所谓的下定义就是以一个或几个概念来说明另一个概念。这两个或多个概念应该是等值的。可见,下定义涉及到的是概念之间的关系。分析就是揭示出被定义的概念如何向其他的概念过渡

剑桥大学三一学院。三一学院是剑桥大学中最大的学院。它在历史上曾经培养出 20 位诺贝尔奖获得者、6 位英国首相和许多诗人。罗素于 1890 年进入三一学院,在这里,他遇上了 20 世纪最优秀的一些思想家,他们中有摩尔、怀特海和后期的维特根斯坦。他们构成了一个学术信仰的共同体,共同推动了哲学的现代转向。

被分析的概念不是孤立的,而是一个整体。因为每一个概念事实上都是与其他的概念紧密相连。可以说,所谓分析就是将被分析的概念从与之紧密联系的整体中分离出来。被分析的是整体,分析的是部分,所以,所谓的分析究其实质而言就是部分与整体之间的关系,或者说是概念与概念之间的关系,或者说是命题与命题之间的关系。揭示出部分与整体之间、概念与概念之间、命题与命题之间的蕴涵关系就是逻辑上所谓的推理。所以,在这样的意义上,我们又可以说,分析就是关于推理的推理,就是关于如何合理地把概念组织成一个紧密相连、前后一贯的系统的方法论。

分析方法个案的运用

下面我们将讨论关于"知识"这一概念的定义问题。无疑,"知识"是认识论或知识论讨论的一个核心概念。而且从事认识论或知识论研究的哲学家无一例外地都自称是分析哲学家。通过对"知识"这一概念含义的讨论,我们可以了解哲学家们是如何来从事概念或语言分析的。下面的讨论是以现代分析哲学的立场为背景。传统的认识论或认识论讨论的重点是我们究竟是通过什么样的方式或途径而得到知识的,但在分析哲学家看来,知识论所要分析或探讨的问题已经发生了变化,现在他们最为关心的是如何来给"知识"这一概念下定义,或如何澄清"知识"概念的含义。

传统的知识定义

在此,我们首先需要讨论的是传统的知识定义,接下来讨论传统知识定义的缺陷及究竟该如何来修正这一定义。

下面我们就从分析传统知识的定义来开始我们的讨论。

在哲学史上,关于"什么是知识"这一问题一直是仁者见仁、智者见智,充满着激烈的争论。争论尽管激烈,但是这些争论大都是在一些具体的论证方面。对于知识的定义,绝大多数的哲学家还是赞同柏拉图在《泰阿泰德篇》中对知识的传统看法,即知识是经过证实了的真的信念。这是哲学史上第一个关于知识的定义。由于这一定义是柏拉图首先在《泰阿泰德篇》中提出的,所以什么是知识的问题又叫做"泰阿泰德问题"。

一般而论,知识可区分为经验知识(或后验知识)和非经验知识(或先验知识)两大类。有的哲学家干脆就否认先验知识的存在,还有的哲学家则认为这类知识可归于一种更为根本的知识种类。

经验知识的证实毫无疑义地要依赖于感觉经验。与之相反,先验的知识的证明则不依赖于感觉经验,而依赖于康德所谓的"纯粹理性"。在莱布尼茨和休谟的哲学中已有经验知识和先验知识的分类,但是关于这两类知识的现代分类则主要地源于康德的《纯粹理性批判》。

什么样的感觉经验条件下才能形成经验知识所必需的证实是知识理论研究中一个最为困难的问题。同样,关于先验知识形成的具体条件也是一个悬而未决的理论问题。关于物理客体的知识显然是属于经验知识的范畴,而关于逻辑、数学等学科的知识则不是经验知识。我们关于后者的证明断然不能来于经验和依靠经验。

我们现在讨论的重点是经验知识的定义及其证实,所以关于先验知识的问题不是我们当下要讨论和解决的问题。

在此,我们首先要讨论的问题是经验知识究竟是如何构成的问题。这个问题也就是要求我们明确地指出形成知识需要哪几个成分。

人们常说,整个西方哲学史都是在为柏拉图做注脚,因为其著述才真正开始把哲学看做是一个整体(而不仅仅只是道德哲学),自柏拉图以降,哲学也大体循此发展。

在下面这幅16世纪罗马尼亚修道院的壁画中,柏拉图与数学家毕达哥拉斯、雅典伟大的改革家和执政官梭伦在一起。

对于这个问题在历史上早已有了一个明确的答案,这就是柏拉图在他的《泰阿泰德篇》中所给的经典性的回答,即所谓的知识必须要能够满足如下的三个条件:信念的条件、真的条件和证实的条件。合而言之,知识是经过证实了的真的信念。

我们由此可见,知识和信念有密切的联系。这就是说,知识一定是信念,但是信念却不一定是知识。信念是构成知识的必要条件,却不是充分条件。说信念是构成知识的必要条件是说,如果没有信念,那么就没有知识;说信念不是知识的充分条件是说,有了信念,但却不一定有知识,这也就是说,没有信念就必然没有知识,所以,信念是形成知识的第一个条件,或者说是构成知识的主体因素。比如说,我们知道太阳系有九大行星,这是一个客观的事实,而且也是一个极其普通的科学常识。但是,如果我不相信这是一个事实,那么太阳系有九大行星这一事实,相对于我而言绝不是知识,因为它首先不是我的信念。要使这一事实成为我的知识的第一个条件就是作为认识主体的我要相信这个事实,要使它成为我的信念。总之,知识必须是信念。

但是,人们却也经常会相信某些实际上并不存在的事物,当然这样的信念也不是知识。比如,有些人坚定地相信,鬼是确实存在的。你不相信,就要问他,请他告诉你鬼在什么地方存在。他当然是说不清楚的。虽然他说不清楚鬼在何方,但对鬼之存在却坚信不疑。这样的信念不是知识。又比如基督教的信徒是相信上帝存在的。上帝的存在当然是无法经由理性的方式证明的。但他们却确信无疑。他们确信无疑是因为他们信仰上帝,因为信仰上帝,所以他们认为上帝是存在的。这样的信念也不是知识。可见,知识只是信念中的一种,即信念必须同时是真的,并经过证实,才能成为知识。

需要注意的是,我们此处所谈的信念决不是纯粹主观的或与主观相类似的信念,而是指与认识的客体密切相联的那些信念。如我们相信太阳系有九大行星这样的信念就是这样性质的信念。

通过上面的分析,我们可以清楚地看到,信念只是形成知识的第一个条件,而不是形成知识所需要的全部条件。

那么,信念要转化为知识所需要的第二个条件是什么呢？根据柏拉图的看法,知识所需的第二个条件就是信念必须是真的。

在这里,我们不必讨论通过什么途径来证实某一信念是真的这一问题。我们需要注意的是这样的一点,即如果我们所相信的不是真的就不能成为知识。比如一个人相信他所熟悉的一个人已死了,但实际上此人还健在。这样的信念不是真的,所以它不能转化为知识。在这种情况下,这个人只能说,他事实上并不真正知道他朋友近来的情况。既然不知道,显然他也就相应地不具有关于他的朋友的知识。

于是,我们可以清楚地看到,知识是不同于相信、惊奇、思考、希望这些心理状态。当然你相信某种信念是真实的时候,你无疑会有某种心理状态。但是知识并不仅仅描写或摹状人们的某种心理状态,而且它还必须要指明人们所拥有的某一信念是真的。这也就是说,信念的真意味着信念与信念对象的一致或符合。这样的真实际上便是哲学上大部分哲学家所坚持的信念和外在世界之间的符合。这种真理符合说固然有好多理论上的问题,但是在讨论和研究知识理论时是断然少不了它的。

知识是真的信念,但是真的信念却不一定是知识。假如一个人并不具有任何的真正理由,但是他却坚定地相信明天将会下雹子。在他所生活的这个地区自有史以来就一直没有下过雹子,而且现在的天空也异常的晴朗,同时天气预报也反对了他的看法,报道说明天天气将是晴朗的。然而第二天却天公不作美居然下起了雹子。于是,这个人的信念可以说是真的。而且他本人也坚定地相信这一信念是真的。但是,我们在这里却可以明确地指出,尽管这个人的这一信念是真的,然而很遗憾的是这一信念仍然不是知识。这是为什么呢?理由很简单,这个人的信念缺乏充分的理由或材料的支持,所以这一信念仅仅是一种幸运的猜测。有人会这样子来回答我们说,如果说他在预料的当日说明日要下雹子时没有证据,所以他不具备相关的知识。但是第二天不是下起了雹子了吗?他亲眼看见雹子落在了地上,这就是证据,证明了他的预料是正确的。他的预料为证据所证实了。所以在他预料的第二天,他的这一信念也就自然地转化为了知识。为什么你偏说,他还是不具备知识呢?这是因为要使真的信念转化为知识,我们还需要第三个条件。那么什么是第三个条件呢?

这个条件就是,我们必须要有充分的证据来证实我们所拥有的信念是真的。真的信念必须要得到完全的证实才能构成知识。在这里,完全的证实是一个很重要的概念。因为部分的或不完全的证实是不够的或不充分的。比如,我相信我的某一本书在我的书房的书桌上放着,因为我每天都放在同样的地方,所以我相信它是不会有错的。现在我不在书房里,但是我还是认为并且相信这本书还仍然在老地方。但是,尽管在这种情况下,除非我本人亲自到书房去看一看,我仍然不能完全证实此书还仍然在原来的地方放着。虽然"我每天在书房里都能看到这本书"这样的事实能证实我的看法即这本书还在原处放着,但是这样的证实显然不是完全的证实。因为我实在不能排除这样情况的可能的存在,即有人在我不在书房的时候不经意地挪了这一本书,甚至把它拿出了我的书房。

在形成知识的三个条件之中,证实的问题是一个最为复杂、最为困难的问题。这里的一个主要的原因就是证据本身就是一个有程度上高低之分的问题。更为重要的是,我们究竟又根据怎么样的标准来断定什么样的证据是完全的、是充分的?而什么样的证据又是不完全、不充分的?这一问题可以说是知识理论研究中的一个最为重要的问题,我们不能在此详细讨论这一问题,而只能从大体上对知识证实的理论的种类作一介绍。而且我们在此的主要目的是要表明,对"知识"这一概念要素的分析揭示出了知识与知识的证实之间关系。由知识的证实又进一步地过渡到各种不同的知识证实的理论。所以,知识这一概念并不是孤立存在的。分析知识这一概念,我们形成一完全系统的知识理论系统。

经验知识的证实理论共有三种。

第一种是**基础主义的证实理论**(foundation theory of justification)。根据这种证实理论,知识的证实建立在某种基础之上,这一基础就是证实的初始前提。这些前提向我们提供了自身已得到了证实的基本信念,而所有其他的信念都是依据这些基本信念才能得到证实。

基础主义证实理论的提倡者的初衷在于要回避或取消知识证实过程中所出现的无穷回溯或循环证实的困难。因为证实的过程就是一个推论的过程。证实一个经验的信念是真的就要提供一个或多个理由来证实这一信念是真的。但是这一用来证实某一信念为真的理由本身就是一信念,因此它本身在作为证实的前提之前也必须得到证实,而且用来证实这第二个信念的信念也必须以同样的方式得到证实。以此类推,以至无穷。于是经验知识的证实过程将会陷入信念证实的无穷的恶性回溯的困境之中。由于每一信念的证实在这一过程中都依据于先在的信念,因此我们就将发现信念的证实过程根本就不可能有一个出发的点。所以,从这样的基础主义的理论困境中就很容易得到怀疑主义者所喜欢的结论,这就是既然没有人最终有任何理由认为自己的信念是真的,那么在实际上也就根本不可能有任何经验性的知识。为了要消除这一证实理论的困境,从而避免怀疑论者的结论,我们就有必要采取基础主义的立场,即基本信念无需诉诸其他的前提就可以得到证实。

基本信念是用来证实其他信念的证据。经验主义者认为,知觉

(如我看到一红颜色的东西)就是基本信念。他们认为,如果没有知觉,那么所有的经验知识的证实都将是不可能的。又如理性主义者笛卡儿认为"我思故我在","我思"是无可怀疑的事实,如果我们怀疑它,那么我们就会陷入自相矛盾的困境之中,所以"我思故我在"显然就是笛卡儿全部哲学思考过程的起点,事实上,他也就是以这样的起点来推出外物和上帝的存在。正是基于这样的考虑,所以基础主义者就断然地宣称,除非存在着某些基本的信念,我们就根本不可能有证实过程得以进行的开端,进而陷入怀疑主义的理论困境之中。在他们看来,如果没有这样的基本信念,整个知识大厦就会因此而塌陷。

第二种证实理论是**融贯论**(coherence theory of justifica-tion)。融贯论的倡导者们坚决地反对基础主义者的证实理论。他们从根本上就否认了基本信念的存在的必要性。他们认为,应该将证实(justification)和论证(argumentation)、推论(reasoning)加以区别。对于他们而言,根本不需要什么基本的信念,因为所有的信念都将由它们与其他信念,将由所有这些信念相互之间的一致的关系,而得到证实。所以在他们看来,证实过程的确立是由于信念和信念之间的和谐和一致的关系及其彼此支持的方式,而绝对不是由于这些信念是建立在所谓的基本信念的基础之上。

那么现在我们面临的主要问题就是,融贯论的证实理论企图不诉诸基本信念,那么它能否成功地避免这种由前提到前提的无止境的回溯的理论困境呢?融贯论者认为,在具体的条件下,只有当信念是否是知识成为一争论的对象时,证实的过程才需要展开和进行。这样,如果我们假定证实是对质疑或问题的回应,那么我们也就没有理由来假定论证的过程需要超越一致的意见所允许的范围。这样,尽管所有得到完全证实的信念需要由证据得到证实,但是所有那些运用来为其他有关信念辩护的信念本身无需证实。它们只是在引起争论的场合之下才需要证实。正如我们通过寻找一致认可的前提来结束无休止的争论一样,我们或许可能无需凭借基本信念而避免证实回溯的理论难题,因为信念是通过它们与信念系统的一致或融贯的方式而得到完全证实的。如我看见了一黄色的东西这样的知觉信念就是通过它与告诉我在什么条件下我能看见黄色东西的信念系统的融贯的方式才得到证实的。由上面的分析,我们可以清楚地看到,是融贯而不是推论或论证形成证实的。

第三种证实理论叫作**外在主义**(externalist theory of justification)。这种外在主义的证实理论反对上述的基础主义和融贯主义的证实理论。这种理论的倡导者认为,我们为了获取知识,既不需要基本信念,也不需要信念之间的融贯。我们在获取知识的过程中所需要的只是信念与实在之间的某种关系。因果关系就是这里所需要的外在关系。在某种既定的场合下,使我看见了一红色的东西这一信念转化为知识的既不是所谓的基本信念,也不是这一信念与信念系统之间的融贯,而是我的这一信念是由我本人看见了某一外在的红色东西而引发的。持外在主义立场的哲学家们甚至进一步认为,证实对于知识来说并不是必不可少的。他们认为,我们真正所必需的只是信念和外在事物之间的某种外在关系。外在主义者的这种理论或许可以称之为外在主义的证实理论。

上述的三种证实理论之间虽然有种种的差异,但是这三种理论之间也并不是水火不相容的,如外在主义虽然在一定程度上反对基础主义,但是外在主义本身实际上也是基础主义的现代变种,因为这种理论实质上把信念和外物之间的外在关系看成是使信念转为知识的基础,所以其理论基本上还是落在了基础主义的框架之内。由于这三种证实理论并不是绝对对立的,所以解决知识理论中的最困难的证实理论问题的出路似乎是将基础主义证实论、融贯主义的证实论和外在主义的证实论结合起来,由此而形成完全的证实理论。

综上所述,我们可以清楚地看到,知识就是证实了的真的信念(knowledge is justified true belief)。在哲学史上,哲学家们很少对某些实质性的哲学问题达成一致的看法,但是他们对于知识构成的三要素这一问题却没有任何不同的看法。也就是说,哲学家们对传统的知识构成论取得了一致的意见,虽然他们在这一领域中的某些细节上也有很多的分歧。

对传统知识定义的挑战

但是,传统的知识构成论在 1963 年却遭到了致命的挑战。爱德蒙·盖特尔(Edmund L. Gettier)在 1963 年第 6 期的《分析》杂志上发表了一篇文章,首先对传统的这一知识定义发起了攻击。他的这篇文章的题目就很富有挑战的意味——《证实了的真的信念是知

识吗?》,盖特尔在文章中首先列举了对传统知识定义的三种大同小异的表述方式:

(1) S 知道 P

如果① P 是真的;

② S 相信 P;

③ S 相信 P 得到了证实。

(在此,我们以 S 和 P 分别表示认识者和命题)

(2) S 知道 P

如果 S 接受 P;

S 有充分的证据接受 P;

S 是真的。

(3) S 知道 P

如果 P 是真的;

S 确信 P 是真的;

S 有权利相信 P 是真的。

对知识定义的这三种传统的表述是很有代表性的。其中第一种表述是柏拉图的。他在《泰阿泰德篇》201 和《迈农篇》98 中,就有关于知识的这样的定义。第二种表述是盖特尔取自齐硕姆(Roderick M. Chisholm)在《察见:哲学研究》(1953)一书中对知识所下的定义。第三种表述是艾耶尔(A. J. Ayer)在《知识问题》(1956)一书中对知识所下的定义。

盖特尔认为,上述对知识定义的第一种表述是错误的,因为它并没有形成充分的条件来指明"S 知道 P"这一命题的真值,所以说它是错误的。第二种表述和第三种表述虽然分别以"有充分的证据"和"有权利相信"置换了第一种表述中的"相信 P 得到了证实",但是,它们同样也都没有构成知识定义的充分而又必要的条件。

接着盖特尔又指出了如下的两点:

如果"S 相信 P 得到了证实"是"S 知道 P"的必要条件。那么在这种证实的意义上,很有可能会出现这样的一种情况,这就是,一个人相信了某一命题并且得到了证实,但是这一命题却是一个假的命题。

对于任何一个命题 P,如果 S 相信 P 并得到了证实,而且 P 蕴涵着 Q,所以 S 从 P 演绎出 Q,并接受了这一推演的结果的 Q,这样 S 相信 Q 也同样得到了证实。

以上两点对于盖特尔反对传统的知识定义是具有决定性的意义的,所以我们必须牢牢地记住这一点。因为就是根据这样的两点,盖特尔列举了两个例子来说明传统知识定义的失误。

例证 1

假定斯密思和钟斯同时申请某一项工作,我们并且进一步假定斯密思对于下列的联言命题有充足的证据。这一联言命题如下:

钟斯将会得到这一项工作,而且钟斯有十枚硬币在他的口袋里。

斯密思关于这一联言命题的证据可能是公司经理向他保证钟

对传统的知识定义发动挑战的爱德蒙·盖特尔。

斯最终将被选中,而且就在十分钟前斯密思还亲自数了数钟斯口袋里的十枚硬币。上述的联言命题 a 蕴涵着:将得到这一份工作的那个人有十枚硬币在他的口袋中(b)。

我们可以进一步假定斯密思看到了从联言命题 a 到命题 b 的蕴涵关系,并在联言命题 a 基础上接受了命题 b,并且他对命题 a 有充分的证据。在这一例证中,我们可以清楚地看到,斯密思相信命题 b 是真的确实是得到了明白无误的证实。

但是,我们还可以进一步假定,斯密思本人并不知道,是他本人而不是钟斯将得到这一份工作。而且同样凑巧的是,斯密思也并不知道,他自己的口袋里也正有着十枚硬币。这样,我们就能清楚地看到,联言命题 a 是假的,但是从这一虚假的命题 a 却推演出了真命题 b。

在上述的例证中，1.命题 b 是真的；2.斯密思相信命题 b 是真的；3.斯密思相信命题 b 是真的得到了证实。但是，一个非常清楚的事实却是斯密思并不知道命题 b 是真的。因为命题 b 的真是根据斯密思口袋里的硬币的数量，但是斯密思本人却并不清楚他自己的口袋里到底有多少硬币。他相信命题 b 的真却依据于钟斯口袋里的硬币的数量。

例证 2

现在也让我们假定斯密思有强有力的证据使他相信下列命题 a 钟斯有辆福特车。

斯密思的证据得自于下列事实，即据他记忆所及，钟斯在过去的很长一段时间确实有辆车而且就是福特车，就在前几天钟斯还让他坐过福特车兜风。

现在让我们再进一步假定，斯密思还有另一位朋友布朗，但是他并不清楚布朗现在究竟在何处。斯密思于是随意选择了三个地名，构成了下列三个命题：

或者钟斯有一辆福特车，或者布朗在波士顿。

或者钟斯有一辆福特车，或者布朗在巴塞罗那。

或者钟斯有一辆福特车，或者布朗在布雷斯特—列陶伐斯克。

上述三个命题中的任何一个都蕴涵在命题 a 中。现在我们又进一步假定，斯密思看到了他根据命题 a 构造的命题间的蕴涵关系，而且根据命题 a 去接受命题 b、c、d。斯密思从自己有充分证据的命题 a 推导出了命题 b、c、d。于是,斯密思也就完全证实了自己可以相信这三个命题中的任何一个命题。当然,斯密思并不知道布朗的行踪。

但是,现在让我们再进一步假定另外两个条件。第一个是,钟斯事实上并不拥有一辆福特车,他现在驾驶的是一辆租用来的车。第二,由于完全的巧合,而且斯密思本人也并不知道,命题 c 提到的巴塞罗那正是布朗现在所在的地方。如果假定了这两个条件,那么斯密思并不知道 c 是真的,尽管(1)命题 c 是真的,(2)斯密思本人也相信命题 c 是真的,(3)斯密思相信命题是真的得到了证实。

盖特尔的文章发表之后在知识论研究领域引发了一场旷日持久的争论,至今在关于信念究竟应该具备多少条件才能转化成知识这一问题上仍存在着不少的分歧,仁者见仁,智者见智,莫衷一是,仍无定论。

许多哲学家肯定了盖特尔文章的价值,认为他的文章是一篇经典性的文章,有重大的历史意义,它改变了知识论研究的进程和方向。在 20 世纪 60 年代末期至 70 年代、80 年代,英美哲学界的许多哲学家都在倾其全力研究,在传统的关于知识定义的三要素中还应该补充进什么样的新的要素,我们才能够成功地构成一个关于知识的必要而又充分的定义。在盖特尔之前,英美哲学界就已经出现了把知识论的研究同心理学的研究及其他相关领域区别开来的趋势,现在盖特尔的这一篇文章更促进和加强了这一趋势。这一趋势使得热衷于哲学分析的哲学家们把其全部的精力都放在纯粹的知识论的问题之上。这一倾向的好处在于,它使处理哲学问题的方法越来越细密,分析的技巧越来越娴熟,论证也越来越充分。这种方法论上的成果正是我国的哲学界所急于要介绍和引进的。但是,我们也同时看到知识论的研究终究是一门综合性的学科,它所涉及到的许多问题并不能仅仅借助于分析和论证知识的形式的途径就能得到解决,所以要推进和加强知识论的研究的一个有效的途径,似乎还是应该将知识论的研究和其他相关的学科的研究再综合统一起来,我们可望使知识论的研究有突破性的进展。

当然,也有些哲学家不同意盖特尔的论点。他们认为,盖特尔的反例证是依据于一种虚假的原则,即人们以假命题为证据相信并证实某一命题原则是假的。既然这一原则是假的,那么盖特尔的反例证也失效。他们认为,作为证据的命题必须是真的,它才能用以证实某一人去接受或相信某一命题。所以他们还是与传统的知识是证实了的真的信念的看法认同。

又如阿姆斯特朗(D. M. Armstrong)也反对盖特尔的反例证。他在其《信念、真理与知识》(1973)一书中指出,盖特尔的反例证有缺陷,因为这些例证完全依赖于如下的假的原则,即假命题能够用来证实人们对其他命题的信念。他认为,只有当命题 P 被认为是真的时候,它才能够用来证实另一命题 h。

其实,对盖特尔反例证的上述批评并不具有充足的理由,因为许多类似于盖特尔的论证的论证并不依赖于上面所讨论的虚假的原则。我们可以对盖特尔所举的论证稍加修改,来进一步申述我们的观点。

假定詹姆士告诉斯密思他有一辆福特车,并给他看了他的驾驶执照。我们并且还可以这样来进一步假定,詹姆士在与斯密思的交往中一直是诚实可信的。在这里,我们可以把上述的证据组成一个联言命题,这个联言命题叫做 m。这样一来,斯密思相信詹姆士有一辆福特车的信念得到了证实(这一命题为 r),结果当然也就是,他关于他的办公室的某一人有一辆福特车的信念得到了证实(这一命题为 h)。

通过上述的例证,我们可以看到,命题 m 和命题 h 是真的,而命题 r 却是假的。因为斯密思相信命题 h 并且得到了证实,然而事实是他却并不知道命题 h。

我们在这一例证中用来证实命题 h 的是命题 r。但是既然命题 r 是假的,所以这一例证就与这一有争议的原则是相互冲突的。由于命题 r 是假的,这样它也就什么都没有证实。可见,原则是假的,那么反例证也就随之无效。

现在,我们也可以把上面的例证再做一下修改。通过这样的修改后,为斯密思证实命题 h 的命题是真的,而且斯密思本人也知道这一命题是真的。下面让我们假定,斯密思从命题 m 推演出下面这样的命题 n:

办公室中有人告诉斯密思他有一辆福特车并且给他看了他的驾驶执照,而且此人在与斯密思的交往中始终是诚实可信的。

由于斯密斯是从命题 m 正确地推出了命题 n,而且他也知道命题 m 是真的，所以命题 n 是真的。同样斯密思知道命题 n 是真的。正是在命题 n 的基础上，斯密思相信了命题 h，即他的办公室中有一人有一辆福特车。这样，我们也就可以清楚地看到，斯密思对于命题 h 的信念是已经得到了证实的真的信念。而且他本人也知道使他相信命题 h 的证据也是真的，然而，事实上他仍然并不知道命题 h。

总结上面的讨论，我们可以知道，尽管一个命题能够得到证实，并且用以证实这一命题的证据也是真的，或者说，被知道是真的，但是对于传统的知识定义即知识是得到证实的真的信念仍然有能够反驳它的例证。所以，盖特尔反对传统知识定义的看法并未被推翻。于是，在知识论的研究中，对于盖特尔的挑战，我们不能视而不见，听而不闻，采取一种不闻不问的态度。正确的态度是，我们应该接受盖特尔的挑战，分析他所提出的问题，从而尽可能正确地解决问题。

盖特尔的经典性的论文在知识论的研究领域中引起了强烈的反响。我们甚至可以这样说，谁如果在盖特尔的文章之后来研究知识论而不企图来讨论盖特尔所提出的问题，谁也就不配或没有资格来讨论和研究在知识论的研究领域中所出现的种种理论问题。于是，许多文章都企图来分析和解答盖特尔的挑战。许许多多的哲学家都在绞尽脑汁思考着，如何在传统的知识构成的三要素之外来增补第四个条件，以使知识的定义趋于完善。

由于在盖特尔的例证中，认识主体得到的经过证实的真的信念是从假的信念中推演出来的,所以关于知识的第四个条件必须是这样的,即认识主体相信命题 p 的证据就不应该包括任何假的信念。

于是,我们就得到了关于知识的这样的新的定义:

S 知道 P

如果 P 是真的;

S 相信 P;

S 相信 P 得到了证实;

S 证实 P 的证据不应包括假的信念。

然而,对于这一新的定义,我们仍然可以提出反对它的例证。例如阿尔文·古德曼(Alvin Goldman)对于知识的第四个条件就提出了新的反例证。他的例证如下:假设你驾驶车向某一村庄驶去,你看到了你认为是谷仓的东西,你是在不太远的地方,而且是在光线非常好的情况下看到它的,事实上它看上去就是和谷仓一模一样。它就是谷仓。于是,你就认为你得到了经过证实了的真的信念:它是谷仓。但是,事实上,它并不是谷仓。当地的村民为了使谷仓显得比实际上所有的更多些,所以他们想法建造了不少十分酷似于真实谷仓的模型。这样,你从公路上一眼望去,根本不可能把这些模型和真正的谷仓区别开来。在这样的情况下,就不能说,你知道你所看到的就是谷仓,尽管你有了经过证实的真的信念。

于是,怎么样来修改和补充传统的知识定义依然是一个没有得到解决的理论问题。为了解决这一问题,许多哲学家提出了不少解决的方案。但是,遗憾的是,没有一个方案曾经得到哲学界的普遍的认同。这样,不但原来的问题没有得到解决,而且还使问题越来越复杂,新问题层出不穷。更有甚者,哲学家们对知识这一问题的分析也越来越琐碎。

我们认为,似乎解决问题的最佳途径是要对盖特尔的例证作更深入的分析,然后我们再来寻求解决的方案。既然盖特尔反对传统知识定义的两个反例证都是以假命题为证据来证实另一命题,那么修补传统知识定义的一个较为理想的途径似乎是在知识证实过程之中设法排除以假命题为证据的可能性。

还有一个需要我们认真思考的问题是,对知识给出一个精确的定义本身是否是一件可行的事情。笔者认为,对知识给出一个完全充分而又得到普遍认同的定义本身就是一件根本不可能的事情。之所以这样说的一个根本的原因就是,在知识的传统定义的三个要素中,证实这一要素从未被任何一个哲学家怀疑过,而且更为重要的是知识所要求的证实必须是完全的证实,而不是部分的或不完全的证实。但是,只要细心地考察知识论发展的漫长的历史,我们就不难发现对一个信念作完全的证实是一件在事实上根本不可能做到的事情。而部分的或不完全的证实又不能满足知识定义的要求。所以,从这个角度,我们就能看到,对知识下一个完全和充分的定义是不可能的。

虽然如此,我们还是能对知识给出一个满足必要条件的知识定义,即用日常语言说,给出一个最低限度的定义还是必要的。所以,上述对于知识新定义还能差强人意,仍然有其合理性。而且更为重要的是，我们现在的目的并不是在此给"知识"下一个必须得到公认的精确的定义，这样做超出了我们现在的任务范围。我们现在的目的是要使大家知道和切身地体验到什么才是真正的哲学分析。

3 归纳方法

一般说来，哲学分析方法局限于语言或概念的范围。我们上面对知识这一概念所作的分析就是这一方面的一个典型例证。然而哲学的范围不应该仅仅局限于语言或概念。如果说哲学是指导生活的艺术，那么对我们日常生活中的种种经验事实做出解释就是它的义不容辞的职责。

不容否认，我们都生活在经验世界之中。我们不可能离开经验世界，正如我们不可能拔着自己的头发离开地球一样。但是人类有着想知道我们所生活的世界之外的世界的本能或冲动。因此我们不满足于经验世界。那么我们究竟凭借什么方法才能知道经验之外的世界是什么样的呢？

所谓的**经验世界**指过去和现在的世界。但严格地说起来，过去的经验世界也不是我们所能够经验的。于是，我们所能够经验到的只能是当下的这个现在进行时的世界。在日常的生活中，我们天天看到太阳从东方升起。当然前提是天气晴朗。雨雾天气太阳也会照样升起，不过我们看不到而已。所以我们不会怀疑太阳明天是否还会升起。那么我们不会怀疑太阳明天升起的理由是什么呢？你可能会感到奇怪，太阳天天从东方升起，这还用怀疑吗？难道这还用得着我们提供什么理由吗？

　　英国哲学家休谟并不这样看，他坚持要我们拿出充分的理由使他信服，太阳明天照样还会从东方升起。既然问题已经提出，我们就不能采取鸵鸟政策，对之不问不闻。现在的问题是，我们能够拿出什么样的充分理由呢？你可能会这样回答这一问题。你说："因为太阳天天从东方出来呀！所以它明天也会出来的。"这是以过去的事实作例证。既然我们在过去也常常问自己："太阳明天还会从东方升起吗？"事实是太阳没有例外地从东方升起，所以明天太阳升起是没有疑问的。问题是过去的"未来"也已成为了过去，这样的未来可以叫做过去的未来。我们对于过去的未来有经验，但对于未来的未来却并没有经验。而我们现在的问题是过去和未来的未来之间的关系。对于过去的未来我们有经验，但对于未来的未来并没有经验。所以过去和未来之间的关系依然是个问题。

　　如果过去能够说明未来，那么休谟的问题也就没有任何价值。事实是，过去的例证并不能够充分地表明未来一定像过去一样。因为这里存在着一个从过去推出未来的推论过程，未来是存在于经验世界之外的，所以我们不可能有充分的理由说明这样的推理是合理的。从过去的经验例证去推导未来可能是什么样的，就是归纳推论。

　　不仅过去和未来之间存在这样的归纳推论，在经验世界的个别事例之间也有这样的归纳推论。比如说,我们看到一类事物中的一个出现时常常伴有另一类事物中的另一个。这样的现象我们经常看到,就是没有看到例外,于是我们得出这样的结论,即在下一个场合,如果前一类中的一个事物出现,那么另一类中的另一个也肯定会出现。这是从已经观察到的事例去推出未曾观察到的事例,这就是归纳推论。我们现在所讨论的不是个别的归纳推论,而是使这样的个别的归纳推论有效的归纳推论原则。罗素曾经这样来表述归纳原则:"如果发现某一种事物甲和另一种事物乙是相联系在一起的,而且从未发现它们分离开过,那么甲和乙相联系的事例次数越多,则在新事例中,(已知其中有一项现在时)它们相联系的或然性也便越大。"

问题是我们究竟如何来说明这一**归纳原则的有效性**。如果它是有效的,那么个别的或具体的归纳推论当然也就是有效的了。

休谟指出,对归纳原则的辩护只能诉诸如下两个方面,一个是逻辑,一个是经验。但他马上就有力地否定了这两个辩护。他说道:

> 一个人如果说:"我在过去的一切例证中,曾见有那些相似的可感性质和那些秘密的能力联合在一起。"同时他又说:"相似的可感的性质,将来总会恒常地和相似的秘密能力联合在一起。"那他并没有犯同语反复的毛病,而且这两个命题不论在任何方面都不是同一的。你或者说,后一个命题是由前一个命题

而来的推断。不过,你必须承认,那个推断不是直观的,也并不是解证的。

这两个命题不是同语反复,所以两者之间没有必然的联系。说它们之间有推断的关系,那么这一推断既不是直观的,也不是解证的。不是直观的,就否认了这一推理不具有推断的自明性;不是解证的,是说这一推理不具有确定性和明白性。他坚决地主张解证的推论只限于观念间的关系,而这里所讨论的却是关于经验的事实或存在的推论,所以这样的推论也就只能是或然的了。他对这一辩护的否定是从逻辑方面着眼的,他指出这两个命题之间并不具有演绎推理的必然性,这表明他正确地看到了演绎和归纳之间的严格的区别。

那么这样的推论是不是根据于经验呢?休谟也同样地否定了这样的看法。他说:

> 说它是根据实验的,那就是把未决的问题引来作为论证。因为根据经验而来的一切推断,都假设将来和过去相似,而且相似的能力将来会伴有相似的可感性质——这个假设正是那些推断的基础。如果我们猜想,自然的途径会发生变化,过去的不能为将来的规则,那一切经验都会成为无用的,再也生不起任何推断或结论,因此,我们就不能用由经验得来的论证来证明过去是和将来相似的。因为这些论证统统都是建立在那

种相似关系的假设之上的。

休谟的这一反驳清楚地表明了,对归纳原则的经验辩护立即会陷入循环论证之中。因为一切根据于经验的推论都必须依据于归纳原则。现在归纳原则本身还未得到说明,我们又怎么能够用还未得到说明的经验推论来辩护归纳原则呢?

在否定了对归纳法的逻辑的和经验的辩护之后,休谟提出了自己对归纳推论的心理学的假设。他认为,当人们看到一个事物总是和另一个事物相伴随,而没有发生例外,于是人们就会期望在下一次例证中,它们也必然会联系在一起的。对这种必然联系的期望,这种推论的根据,不能来自于对象本身,因为特殊例证无论重复多少次,人们也永远无法发现它们之间的必然联系。它也不是理性的结果,而仅仅是对象的恒常联系在人们心里自然形成的一种"习惯"。"因此根据经验而来的一切推论都是习惯的结果,而不是理性的结果。"所以我们能够得到的结论也就是"习惯是人生的最大指导。只有这条原则可以使我们的经验有益于我们,并且使我们期望将来有类似过去的一串事情发生。"

这就是休谟对归纳原则的心理学式的辩护。不能说休谟否认了对归纳推理的一切辩护。他所否认的仅仅是对之所做的逻辑的和经验的辩护。但当他把归纳推理建立在主观的习惯和信念之上时,他也就确确实实地否认了这一推论的有效性和合理性的基础。因为主观习惯和信念,正如同经验一样,也并不是恒常的,并无必然

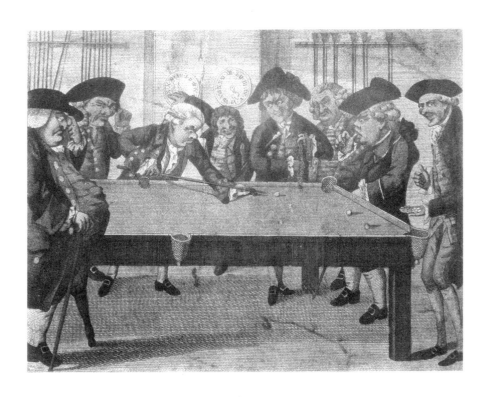

在休谟看来,每一个因果事件都是各自独立的事件;他用桌球之间的碰撞来说明因果关系。

联系。从这个意义上可以说,休谟确实彻底地否认了对归纳推理可以给予任何合理的辩护的可能性。

现在我们可以清楚地看到,通过归纳推理能够得到的只能是或然的知识,所以罗素才说即便相联系的事例足够多,而且或然性可以几乎接近必然性,但也只能无限止地接近,却永远不能达到必然性。结论自然也就是,或然性才是我们所应当追求的全部问题。

如果情形果然是这样的话,那么人类的处境实在是不那么乐观。罗素曾经举过这样的一个生动的例子来说明人的尴尬处境。他说,一个人养了一只鸡,每天都按时地给这只小鸡喂食。久而久之,小鸡习惯了这种喂养的习惯,所以每当一定的时间,只要看到这个人出现,它就会在习惯的指导下做出归纳推理,认为此人现在又要来给我喂食了,那我就美美地饱食一顿吧!这就是小鸡对恒常性的一种期望。不幸的是,小鸡的这种恒常性期望是必然地要落空的。因为它不知道,它这种对恒常性的期望是没有任何合理的根据的。它更不可能知道人饲养它的目的是为了吃它,而不是永远地喂养它。所以最终有一天,当它看见主人过来了,便习惯地伸出脖子去吃食的时候,想不到的事情竟然发生了。主人突然间拧断了它的脖子。其实,我们人类在宇宙中的地位并不见得就比这只小鸡强些。尽管有这样的令人不愉快的情形会打断我们对恒常性的追求,但我们决不会因此而放弃对自然齐一性的期望。人类在这一方面取得了很大的成就。科学就是这样的成就的最好例证。科学上的规律可以说就是运用归纳方法所得到的。不能说科学规律是永久

弗兰西斯·培根（1561—1626）是真正的饱学之士，他在政治、法律、文学、哲学和科学领域都学识卓著。他看到了新科学的巨大可能性，并在从理论到制度的各个层面提出了发展新科学的计划。

不变的，是永恒的。但它们在很大的程度上却能够使我们预料到在什么样的条件下可能会发生什么样的事情。西方的科学所以能够长足的发展实在是得益于归纳方法。在这种意义上我们可以说英国哲学家弗兰西斯·培根是真正的"实验科学的始祖"。

培根反对空洞不切实际的经院哲学，认为经院哲学"只富于争辩，而没有实际效果"，"能够谈说，但它不能生产"。我们知道经院哲学家热衷于对那些与实际毫无关系的纯粹概念的分析和争辩。玩弄概念，热衷诡辩就是他们擅长的把戏。这样的哲学无益于实际的人生，无益于人们的认识，当然更无益于改造世界的实际活动。他辛辣地把经院哲学家比做希腊神话中的斯居拉女神，虽然"具有一个处女的头脸",但却没有生育的能力。

他反对经院哲学,同时他也反对亚里士多德和希腊哲学。在某种程度上,亚里士多德关心的是概念式的分析和推导,他的逻辑系统与自然并无任何关系。针对亚里士多德的逻辑著作《工具论》,培根把自己的一本主要的著作命名为《新工具》,这显然具有很强烈的挑战的意味。亚里士多德是演绎逻辑系统的奠基者。在经院哲学家的手中,他的逻辑系统成为了论证经院哲学的工具,传播谬误的手段。正因为这一原因,培根在批判经院哲学时,也毫不留情地批判了亚里士多德。他认为,亚里士多德的三段论法由命题所组成,命题由语词所组成,而语词代表概念。如果概念混乱,那么这一套逻辑也是混乱不堪的。三段论法中的概念、原则和公理都是建立在经验事实之上的,所以我们的重点不应该放在概念或文字上面,而是要关注自然,所以亚里士多德的演绎逻辑应该和对经验事实的观察结合在一起。不和经验事实观察结合在一切的三段论法是没有用处的。他认为,感性提供材料,理性则在此基础上"整理和消化"。培根这样说道:"历来研究科学的人或者是经验主义者,或者是独断主义者,经验主义者好像是蚂蚁,他们只是采集和使用。理性主义者好像蜘蛛,只凭自己的材料来织成丝网。而蜜蜂则采取一种中间的道路。他从花园和田野里面的花朵中采集材料,但是用他自己的力量来改变和消化这种材料。真正的哲学工作也是这样的,它既非完全或主要依靠心的能力,也非只把从自然历史或机械实验收集来的材料原封不动、囫囵吞枣地累置于记忆当中,而是把它们变化过和消化过，放置在理解之中。"在他看来，亚里士多德就是一只蜘蛛，用自己的思想的丝编织概念之网；而他自己则无疑就是一只在花园中辛勤采集花粉酿蜜的蜜蜂。与蜘蛛的工作相比，蜜蜂的工作无疑具有更大的价值和意义。

如果说亚里士多德的演绎逻辑以概念为对象的话，那么培根却

培根有关自然科学和自然哲学的短论集，1563 年由路易·埃尔塞维尔出版。

反其道而行之。既然我们要研究的是自然,所以就不应该运用演绎的逻辑。他指出哲学家应该关注的是自然,要研究事物本身,应该如实地反映它们的影像。培根认为研究经验事物的最为有效的工具应该是归纳方法;它是科学研究的方法。为此他在《新工具》一书中比较详细地论述了归纳法。他指出,真正的归纳法应当在实验的基础上采取三个步骤,即所谓的"三表法":第一种表即"本质和具有表",任务是搜集和登记有关研究对象的正面的例证,比如当给定的性质出现时,另一种现象也随之出现;第二种表即"差异表",其任务是搜集和登记有关研究对象的反面例证,比如我们想要研究的对象不出现的例证;第三表即"程度表",其任务是搜集和登记给定对象以不同的程度出现时,另一对象也相应地以不同程度出现的例证。

培根指出,上述的三表仅仅是进行归纳的准备工作。有了这三表收集的例证,我们就可以进行归纳了。通过这样的三表的例证,我们就可以深入到事物的内部去寻找事物之间的因果联系,发现事物的规律。

培根的归纳法是实验科学的方法。它的对象不是概念或语词,而是自然界中的经验事物;它的方法也不是从概念到概念的游戏,而是从搜集到的经验事物出发去概括自然的或事物的一般性的规律。培根的哲学思想和归纳方法可以说为近代的实验科学开辟了一条发展道路。在此让我们举个极其通俗的例子来说明归纳方法在发现科学律例上的作用。18世纪俄国科学家罗蒙诺索夫写了一篇《关于热和冷的原因之探索》的论文,其中有这样的一个推论:"我们磨擦冻僵了的双手,手便暖和起来;我们敲击冷冷的石块,石能发出火光;我们用锤子不断地锤击铁块,铁块也可以热到发红;由此可知:'运动能够产生热'。"罗蒙诺索夫在此探索冷热原因的方法就是归纳方法中的求同法。于此可见,归纳方法在科学中的重要作用。也正是这个意义上,马克思才把培根称之为"整个近代实验科学的真正始祖",这样的说法并不为过,因为归纳方法确实推动了自然科学的迅猛发展,取得了长足的进步。我们在哲学上确实不能够说明归纳方法或归纳原则的真正的性质,但归纳法在自然科学领域里的进步却是无法否认的。

如果说归纳法是促使自然科学在西方进步发展的主要原因,那么中国没有产生实验科学的部分原因也就是我们没有这样系统的归纳法理论。众所周知,中国现代史上曾经爆发过一场波及全国的新文化运动。我们知道新文化运动的口号就是"科学和民主"。这一口号解决了中国人应该向西方人学习什么的大问题。为什么中国没有产生科学也就成为了当时的中国人急于解决的问题。为什么中国没有实验科学呢?围绕这一问题有种种的说法,一个比较有代表性的说法就是"无归纳法则无科学"。1915年1月《科学》杂志的创刊号的第一篇文章的题目就是《说中国无科学的原因》,作者为任鸿隽。此文认为,中国之所以没有科学,并不是中国人不聪明,也不是社会对学术思想的过分限制。科学的本质不在物质,而在方法。物质东西现在的与以前的没有什么不同,但是以前没有科学现

任鸿隽(1886—1961),著名学者、科学家、教育家和思想家。他是中国最早的综合性科学团体——中国科学社和最早的综合性科学杂志——《科学》月刊的创建人之一,也是杰出的科学事业的组织领导者之一,中国近代科学的奠基人之一,为促进中国现代科学技术的发展做出了重要贡献。

在则有科学。于此可见,科学之为科学,其关键是在于方法。"诚得其方法,则所见之事实无非科学者。不然,尽贩他人之所有,亦所谓邯郸学步,终为人厮隶,安能有独立进步之日矣。"中国没有科学的真正原因是中国学术界"未得研究科学之方法而已"。所谓的科学方法指的是归纳方法,中国学术界不知道也不会自觉地运用归纳方法,所以中国当然也就没有科学。而在西方,情形则恰恰相反,西方科学发展主要就是得力于归纳方法的运用。

这篇文章从归纳方法的角度来说明中国为什么没有科学。应该说,这篇文章的思想主要是得自于美国学者、当时的哈佛大学校长艾略特(C. W. Eliot)。艾氏曾来东方讲学,归而著书曰:我们西方人有一样东西是东方人所没有的,这就是归纳方法。西方近百年来的进步完全得力于归纳方法的运用。东方学者未尝用归纳方法来进行实验,以求其真,所以驰骛于空虚不实之中。他接着指出:"吾人现救东方人驰骛空虚之病,而试其有独立不依格知事物发明真理之精神,亦惟有教以自然科学以归纳的论理、实验的方法,简练其官能,使其能得正确之知识之于平昔所观察者而已。"任氏认为,艾氏的看法正可以用来说明中国为什么没有科学。依据此种说法,无归纳即无科学。因此,要在中国建立和发展科学,首先就必须掌握归纳方法。

问题是为什么无归纳方法就无科学呢?这就涉及到归纳方法在科学中的作用问题。任氏从两个方面做了说明。

归纳方法是实验方法。从逻辑学讲,由特例到一般的结论谓之归纳;由一般的结论到特例谓之演绎。从科学方面着眼,演绎方法是先立一科学律例,再看事实是否与之相符。归纳方法则不一样,它是在多数实验的基础之上抽出可以用来说明大多数事实的一般结论。可见,演绎方法与归纳方法之间的区别在于"归纳法尚官感",而"演绎法尚心思";归纳法置事实于推理之前,演绎法置事实于推理之后。要想得到正确的前提或理论就必须从事于实验。在实验的日积月累基础上,事物之间的关系才能逐渐被我们认识,据此我们才能得出相应的假设。这样的假设是由于实验而形成的,也必须依靠实验而得到检验。如果假设与实验不符,就应该抛弃。如果经过了实验的检验,这样的假设也就被确立为科学律例。由此可见,假设是在实验基础之后,是得之于对事实所做的归纳,而不是依靠所谓的演绎。要从事于归纳就不得不重视实验。有了实验而后才有理论,而后科学上的公例或律例才得以成立。可见,无官感则无归纳,无归纳则无知识,无知识则不能知自然之定律。

归纳法是一种不断使人进步的方法。科学是有系统的知识。因为科学是有系统的知识,所以可以借由归纳方法而得到知识系统,也就是结合众多的事实而得到公例,而有了这样的公例又可以产生新的事实。在这样的新事实的基础之上又可以发现新的公例。如此循环不已,以至无穷。这种看法的理论根据就是事物与事物之间的相互联系,事物都是处在普遍的联系之中。发现了关于某一事物的规律就有助于我们去发现其他事物的规律。但是要能够做到这一点,我们必须要有某种方法。任氏指出,这样的方法就是归纳方法。如果没有归纳方法,那么事物之间的联系对于认识者而言是毫无意义的。如物质不灭定律发现之前,欧洲人热心于炼金术,以为可以通过这种方法得到黄金,于是熔铸化炼,不遗余力,结果却事与愿违,黄金没有得到,而化学却由此诞生。所以如此之故,就是发现了事物与事物之间的相互关系,而所以能够发现这种关系的主要的方法就是归纳法。所以要求得学术的进步,就得有促进学术发展的方法,科学史表明,归纳法就是这样的方法。可见,归纳法是学术进步的利器。

我们可以清楚地看到,任氏文章的基本点是极力推崇归纳法。

当然任鸿隽并不是在中国最早宣传介绍归纳法的人,在他之前严复就通过翻译《穆勒名学》和耶芳斯的《名学浅说》来引进归纳法。这两部译作内容都是关于归纳方法的。但是真正引起国内学术界重视归纳方法的还是在《科学》杂志提倡归纳方法之后。仅任鸿隽一人就写过几篇介绍宣传归纳方法的文章。他的另一篇介绍归纳方法的文章题为《科学方法讲义》。他所谓的科学方法就是专指归纳方法。他对什么是归纳方法作了更为详尽的论述。此外其他的《科学》杂志社的同仁也极力提倡归纳方法,所以在国内产生了很大的影响。这种影响可分为两个方面,一是学术意义的,一是社会意义的。先说后一方面。对归纳方法的讨论所以能够在国内引起广泛的注意是因为它使人们意识到归纳方法竟然和科学有密切的联系,无归纳则无科学。而科学在现代中国具有至高无上的地位。归纳法既然与科学有这样密切的关系,当然人们不能不重视。但真正能够懂得归纳方法的终究是少数人。如严复虽然热衷于介绍归纳方法,但他本人并不真正懂得逻辑或归纳方法。而那些注意到归纳方法重要性的学者也是介绍居多。再说后一方面。在国内真正能够形成自己的归纳方法理论的就目前看还就是金岳霖,他的主要的哲学著作可以说都是与对归纳理论的讨论有着密切的关系。

4　智的直觉

逻辑分析方法的局限

分析哲学家们坚信,逻辑分析是哲学研究的主要的或唯一的方法(在知识论的研究中似乎哲学家们相信逻辑分析就是唯一的方法)。现在看来,这样的看法趋于极端。比较公允的说法似乎是,**逻辑分析方法是哲学研究中的必要方法**。具体说就是,如果没有逻辑分析方法,那么哲学研究就会寸步难行,一无所获。然仅仅有了逻辑分析方法似乎也并不能解决哲学问题。而且在某些生命哲学家们看来,逻辑分析方法不仅不能解决任何哲学问题,而且却有破坏哲学的嫌疑,所以他们说:"分析哲学走到哪里,哪里的哲学就死了。"对分析哲学做如斯观虽不免有失公允,走向了另一个极端,但也不是全无道理。君不见,在维也纳学派的哲学家们看来,哲学就不是与科学并列的一种学科,而仅仅是一种活动,一种分析科学命题究竟有无意义的活动。所以哲学如果有其存在权利的话,那么它也只不过是科学的一种工具。

必须承认的是,逻辑分析方法仅仅是从事哲学研究的一种方法,一种很重要的方法,但却不是唯一的方法。逻辑分析方法自有其弊端。我们都知道中国现代著名哲学家金岳霖是一个逻辑学家,十分重视逻辑分析方法在哲学研究中的作用。是他首先把数理逻辑系统地引进了中国,并自觉地以这样的方法构造了自己的庞大精深的形而上学和知识理论体系。但他却能够公允地指出逻辑分析方法本身是有局限性的。在进行哲学思维的时候,你必须要或者说不得不遵守逻辑的法则,逻辑法则是与思想的任性和随意不相容的。于是,金岳霖这样说道:"希腊的 Logos 似乎非常之尊严;或者因为它尊严,我们愈觉得它底温度有点使我们在知识方面紧张;我们在这一方面紧张,在情感方面难免有点不舒服。"在其哲学思想体系中,他没有把逻辑看做是最高的境界,而是把逻辑置于中国的概念"道"之下。"道"才是哲学中最上的概念,最高的境界。道得到了希腊逻辑的补充和加强,虽然不免多少带点冷性,"可是'道'不必太直,不必太窄,它底界限不必十分分明;在它那里徘徊徘徊,还是可以怡然自得"。

金岳霖本人也曾经这样说过:"哲学就是概念游戏。"所谓的概念游戏是说,哲学家的职责是对概念做精深细致的分析,揭示出被分析概念的种种含义及其与其他概念的联系。金岳霖的这种说法显然是典型的分析哲学家的看法。记得好像是莱布尼茨说过,哲学有两种,一种是公布于众的哲学,这样的哲学的任务是对所使用的概念做精深的分析。还有一种哲学是他私下里所信奉的信念体系。其实在金岳霖的心目中,哲学也有两种,所不同的是这两种哲学他都公布了出来。他的知识论研究所运用的是分析的方法。而他的形而上学体系所运用的则主要的不是分析方法,或者说 Logos 在他的体系中并不是最高的。正是在这后一种意义上金岳霖指出,概念越是分明,就越不能具有暗示性。因此他这样说道:"然而,安排得系统完备的观念,往往是我们要么加以接受,要么加以抛弃的那一类。作者不免要对这些观念考察一番。我们不能用折衷的态度去看待它们,否则就要破坏它们的模式。这里也和别处一样,利和害都不是集中在哪一边。也许像常说的那样,世人永远会划分成柏拉图派和亚里士多德派,而且分法很多。可是撇开其他理由不说,单就亚里士多德条理分明这一点,尽管亚里士多德派不乐意,亚里士多德的寿命也要比柏拉图短得多,因为观念越是分明,就越不能具有暗示性。中国哲学非常简洁,很不分明,观念彼此联结,因此它的暗示性几乎无边无涯。"

金岳霖(1895—1984),中国哲学家,逻辑学家。1920年获哥伦比亚大学哲学博士,先后任清华大学、西南联大、北京大学教授,中国社会科学院哲学所研究员,曾任中国逻辑学会会长。主要著作有:《逻辑》(1937),《论道》(1940),《知识论》(1940年完稿,1948年重写,1983年出版),《形式逻辑》(主编,1979),《罗素哲学》(1988)等。

冯友兰也有着这同样的看法。他早年是由于自学逻辑而走上了学习和研究哲学之路。他因此这样说道:"逻辑是哲学入门。"是逻辑引导他走入哲学殿堂,所以他十分强调逻辑分析方法对于中国哲学的重要意义和价值。他说:"就我所能看出的而论,西方哲学对于中国哲学的永久性贡献,是逻辑分析方法。……逻辑分析方法正和这种负的方法相反,所以可以叫做正的方法。……正的方法的传入,就真正是极其重要的大事了。它给予中国人一个新的思想方法,使其整个思想为之一变。……重要的是这个方法,而不是现成的结论。中国有个故事,说是有个人遇见一位神仙,神仙问他需要什么东西。他说他需要金子。神仙用手指头点了几块石头,石头立即变成金子。神仙叫他拿去,但是他不拿。神仙问:'你还需要什么呢?'他答道:'我要你的手指头。'逻辑分析方法就是分析哲学家的手指头,中国人要的是手指头。"

冯友兰对于逻辑分析方法的重要性给了极高的估价。他早期的哲学创造活动所运用的主要的或唯一的方法似乎就是逻辑分析方法。但在中年之后,特别是在创立了自己的哲学思想体系之后,他逐渐地意识到,逻辑分析方法并不是哲学研究的唯一的方法。他说道:

> 我在《新理学》中用的方法完全是分析方法。可是写了这部书(《中国哲学简史》)以后,我开始认识到负的方法也很要……,现在,如果有人要我下哲学的定义,我就会用悖论的方

式回答:哲学,特别是形而上学,是一门这样的知识,在其发展中,最终成为"不知之知"。如果的确如此,就非用负的方法不可。

在他的眼里,正的方法并不一定比负的方法重要,或者说,负的方法对于形而上学来说或许具有更重要的地位。于是,他又这样说道:

> 一个完全的形而上学系统,应当始于正的方法,而终于负的方法。如果不终于负的方法,它就不能达到哲学的最后顶点。但是如果它不始于正的方法,它就缺少作为哲学的实质的清晰思想。神秘主义不是清晰思想的对立面,更不在清晰思想之外。它不是反对理性的;它是超越理性的。

在冯友兰看来,逻辑是哲学的入门,但要达到哲学的最高的境界却不能依赖于逻辑分析方法。这样的看法是在冯友兰完成了自己的哲学思想体系的创建之后形成的。他反复地指出,哲学的功用并不在于使人获得更多的知识,而在于使人提高其境界。"新理学"认为其使命在于使人成为圣人,达到一种崇高伟大的精神境界。在此境界之中,人自觉到与宇宙为一。与宇宙为一,在冯友兰看来,也就是超越了理智,达到了一种形而上的境界。我们追求这一境界的过程始于分析经验事物,所以我们不得不依赖于逻辑分析方法。但是哲学所要达到的顶点却是超越经验的。冯友兰明确地说过:清晰思想不是哲学的目的,但是它是每个哲学家所需要的不可缺少的训练。这也就是说,逻辑分析方法是哲学的手段或工具或训练,而不是哲学的真正目的。哲学的真正目的是追求最高的精神境界,达到这样的精神境界不是借助于支离破碎的分析方法能够做到的。在达到这样的精神境界之前,我们要说很多的话,要写很多的书,做很多的探讨或讨论。但这些仅仅是进入哲学顶点的学术性的预备工夫,它们还不是哲学本身。要能够真正地进入哲学顶点,必须在说了很多话之后保持静默。只有在静默中你才有可能领略到哲学的最高顶点或最高境界。

如果沉湎于逻辑分析方法,把方法本身看成是哲学的目的或哲学本身,认为论证或分析是哲学的核心,就无疑是误解了哲学的性质。误把手段当成了目的。这样做,正如金岳霖所说的那样,"哲学家就或多或少地超脱了自己的哲学,他推理、论证,但是并不传道"。哲学成为了布满技术性的问题,掌握它需要时间,需要训练,需要学究式的全神贯注于技术性或方法论的问题。经过这样的训练之后,哲学工作者往往会迷失方向,全然不知哲学为何物。维也纳学派的哲学家就是误入此种歧途之中。严格说来,他们不能称之为哲学家,充其量只能叫做哲学工作者。因为真正的哲学家,在金岳霖看来,"从来不但是一个提供人们理解的观念模式,它同时是哲学家内心中的一个信念体系,在极端情况下,甚至可以说就是他的自传"。把逻辑分析方法或论证看做是哲学的核心,使哲学和哲学家分离,"改变了哲学的价值,使世界失去了绚丽的色彩"。

这里涉及概念思维的某些特点。

概念是反映对象本质属性的思维形式，它具有间接性、概括性、抽象性、离散性、排他性等属性。概念认识是主体通过事物现象把握其本质的认识。但它不能揭示作为客体的对象的整体属性。而且反映在概念认识中的事物的本质只是客观事物某一方面的本质，它与客观事物有着较大的差异，因为客观的自然界、社会生活是无穷无尽的，极其复杂的，其中的每一事物都处在和其他事物的错综复杂的关系网络之中。而概念的认识为了要达到对某一对象某一方面的认识，就必须要淡化甚至要排除认识对象和其他事物的联系，淡化或排除认识对象这一方面的性质和其他方面性质的联系。这就是认识上的离散性、排他性，其结果使认识客体在一定程度上变了形。概念的这一特点决定了逻辑思维的性质，即它永远无法完整地描述和说明这个无限的对象世界。

概念一经形成就具有稳定、静止、凝固的特性，而对象事物却处在永恒的运动变化之中。当然事物的运动会呈现出一种相对静止的状态，然而这种静止是相对的，因为静止是运动的一种特殊状态，运动应该说是绝对的。所以作为对象的事物不可能是绝对的静止的。但是概念一经形成，它就具有普遍的性质，它们不随事物的运动变化而运动变化，所以概念是绝对的静止的，它们不能完全地反映和把握事物运动变化的全貌。就此而言，概念的认识常常使人的思想认识倾向于僵化、停止、封闭，因此它们往往要落后于现实的运动。

概念本身不包含矛盾,或者说概念不能反映客观事物自身所包含的矛盾,而客观事物是充满着矛盾的。

直觉即生活,即境界

现在的问题是如何才能进入哲学的最高的顶点呢?冯友兰坚信,必须借助于静默或采用负的方法或他所谓的"直觉概念"。在这里所谓"哲学的最高的顶点"就是冯友兰境界理论中的"天地境界"。要进入这一境界,无疑概念的分析是必须要走的第一步,但它仅仅是入门途径,而不是"天地境界"本身。如果说科学的宇宙是有限的话,那么哲学的宇宙是无限的。在冯友兰的哲学思想中,人要进入"天地境界"必须要能够与这样的无限的宇宙同其广大。这就是他所说的"同天"。人有这样的境界,必须要有"觉解"。冯友兰认为,解是一种概念的分析,而觉不必依赖于概念。纯粹依赖于概念分析,根本不可能进入这样的境界。但如无概念分析也同样不可能进入这样的境界。这正如朱熹所说的那样必须经过今日格一物,明日格一物的积累才能最终达到"豁然贯通"的境地。他说:"盖人心之灵莫不有知,而天下之物莫不有理,惟于理有未穷,故其知有不尽也。是以《大学》始教,必使学者即凡天下之物,莫不因其已知之理而益穷之,以求至乎其极。至于用力之久,而一旦豁然贯通焉,则众物之表里精粗无不到,而吾心之全体大用无不明矣。"

禅宗南派创始人六祖慧能提倡"顿悟"成佛说,主张不立文字,专靠当下的领悟把握佛理。他所谓的"顿悟"是说凭自己的智慧或根器"单刀直入",直接地把握佛理。慧能如是说道:"一闻言下便悟,顿现真如本性。"所以他们反对念经拜佛,甚至反对坐禅。为什么呢?因为在他们看来,佛性就是人性,这就是他们的"本性即佛"说。"本性是佛,离性无别佛"。既然人性即佛性,所以大可不必向身外去求,长途跋涉去西天取经。"佛向身中作,莫向身外求。"佛不在遥远的彼岸,而就在自己的内心中。只需反身内求,当下体认,"自性若悟,众生是佛"。因为佛性就在人的内心之中,所以也就无须念经拜佛,同样也不必立文字。内在的佛性不能通过文字来把握。"真如佛性"不在语言文字之内,不通过念经拜佛这些外在的形式表现出来。更有甚者,禅宗思想中还有着大量的非逻辑的思想成分。如著名的善普大师的偈语:"空手把锄头,步行骑水牛,人从桥上过,桥流水不流。"其他又如,"看!海中生红尘,大地浪滔滔,尽是聋耳人""昨夜木马嘶石人舞"等等。这些说法显然是不符合常人所谓的逻辑思维的。因为禅宗意识到,依靠逻辑思维并不能够使人获得精神的无限的追求。

要把握"佛法大意",只有抛却语言文字。雪峰义存禅师云:"我若东道西道,汝则寻言逐句。我若羚羊挂角,若向甚么处摸。""佛法大意"不在语言文字中。如在语言文字中,那么我们就可以循着逻辑的规则寻找摸索。但禅宗是坚决反对这样的做法,称之为"死于句下"。"佛法大意"本不在语言文字中,所以不可以通过语言文字的迹象来求的。这就是所谓的"羚羊挂角"。

在禅宗看来,佛性即是人性,"本性是佛,离性别无佛"。既然人性即佛性,所以大可不必向身外去求,而应反身内求,当下体认,"自性若悟,众生是佛"。

所以日本禅学大师铃木大拙在其《通向禅学之路》一书中这样说道：

> 我们通常总是绝对化地思考"A 是 A"，却不大去思考"A 是非 A"或"A 是 B"这样的命题。我们没有能突破知性的各种局限，因为它们已经非常强烈地控制了我们的大脑。然而，在这方面禅宗却宣称，语言是语言，它只不过是语言。在语言与事实并不对应的时候，就是应当抛开语言而回到事实的时候。逻辑具有实际的价值，应当最大限度地活用它，但是当它已经失去了效用或越出了它应有的界限的时候，就必须毫不犹豫地喝令它"止步"！从意识觉醒以来，我们探索存在的奥秘来满足我们对理性的渴望。我们找到的却是"A"与非"A"对立二元论即桥自桥、水自水、尘土在大地上飞扬的二元论。可是，随着期望的增长，我们却没有能够得到我们所期待的精神的和谐宁静、彻底的幸福及对人生与世界更靠近一步都不可能，灵魂深处的苦闷也无法表露。正好，这时光明降临在我们全部存在之上，这，就是禅宗的出现。因为它使我们领悟了"A 即非 A"，知道了逻辑的片面性。……

"花不红，柳不绿"，这是禅者所说的玄妙之处。把逻辑当作终极真理，就只能作茧自缚，得不到精神的自由。看不见活生生的事实世界。可是，现在我们找到了全面转换的金钥匙，我们才是实在的主体,语言放弃了对我们的支配力,当我们具有了发自本心的活动而锄头也不再被当作锄头的时候,我们就赢得了完完整整的权利,也没有锄头一定要是锄头的时候。不仅如此,按照禅者的看法,正是当锄头不必是锄头的时候,拒绝概念束缚的物实相才会渐渐清晰地呈露出来。

概念与逻辑的专制崩溃之日,就是精神的解放之时。因为灵魂已经解放,再也不会有违背它的本来面目使它分裂的现象出现了,由于获得了理性的自由而完完全全地享有了自身,生与死也就不再折磨灵魂了。因为生与死这种二元对立已不复存在,死即生,生即死,虽死而生。过去,我们总是以对立、差别的方式来观察事物,与这种观物方式相应,我们又总是对事物采取了对立的态度,可是,如今我们却达到了能从内部来即物体察的新境界。这正是铁树开花!正是处雨不濡!于是,灵魂便是一个完整的、充满了祝福的世界。

禅宗上述看法的一个思想资源就是道家。道家的最高范畴是"道"。"道"是形成万事万物的本源,"道生一,一生二,二生三,三生万物"。这种形而上的"道"是不可言说的,也不是语言所能够把握的。老子勉强地给它一个字叫做"道"。在老子看来不可言说的"道"显然是不同于可以言说的道。所以他说:"道可道非常道,名可名非常名。"这就是说,可以言说的道不是永恒的道,可以用语言表达的名不是永恒的名。反过来就是,凡是能够运用语言表达的东西都不是永恒的或形而上的,永恒的或形而上的东西都不在语言之内。所谓的分析论证的对象既然是对概念或文字的分析,所以道家的"不道之道""不言之辨""不言之教"也当然不是在概念的分析或论证的范围之内。庄子则进一步发展了这一思想,他说道:"筌者所以在鱼,得鱼而忘筌。蹄者所以在兔,得兔而忘蹄。言者所以在意,得意而忘言。吾安得夫忘言之人而与之言哉!"

说到这里,我们想起了著名哲学家维特根斯坦。他就曾经在可以言说的东西和不可言说的东西之间划下一道严格明确的界限。他这样说道:"诚然有不可言说的东西。它们显示自己,此即神秘的东西。哲学的正当方法固因如此:除可说者外,即除自然科学的命题外——亦即除与哲学无关的东西外——不说什么。于是,每当别人要说某种玄学的事物,就向他指出:他对于他的命题中的某些符号,并未给以意谓。对于别人这个方法是不能令人满意的——他不会觉得这是在教他哲学——但这却是唯一正当的方法。我的命题由下述方式而起一种说明的作用,即理解我的人,当其既已通过这些命题,并攀越其上之时,最后便会认识到它们是无意义的(可以说,在他已经爬上梯子后,必须把梯子丢开)。他必须超越这些命题,然后才会正确地看待世界。对于不可说的东西,必须沉默。"命题是可以言说的东西,外界的实在是不可言说的。对于不可言说的,我们必须保持沉默;只有在沉默中,我们才能把握它。冯友兰认为,维特根斯坦的"保持沉默"就是在以"负的方法"来讲形而上学。

其实柏格森在维特根斯坦之前就以一种十分明确的方式突出了直觉方法的重要性。他认为,概念的分析只能停留在事物的外围、现象,而不能洞察事物的本质。他指出,要真正能够把握事物的

四 哲学的方法 | 267

维特根斯坦认为,哲学陈述并不拥有绝对意义,对于不可说的东西,必须保持沉默。

实质就不能仅仅运用理智的力量,还必须借助于直觉的力量。直觉能够使我们从总体上来把握事物的内在的本质。概念只能运用于死的寂静的事物,而不能运用于生活和运动。他认为,哲学的真正的世界观,是直觉,是生活。人的生活是一种动态的流水;宇宙中充满着创造的精神,它是一种活生生的动力,是生命之流。生命之流是数学等自然科学知识所无法把握的,只能由一种神圣的同情心,即比理性更接近事物本质的感觉所鉴赏。他说:哲学是从其过程、生命推动力方面来理解和把握宇宙的艺术。

正是基于这样的看法,柏格森指出,概念的思维模式应该是科学思维的模式,应该是理智的模式,所以概念思维不应该是哲学思

亨利·柏格森(Henri Bergson,1859—1941),法国哲学家,文笔优美,思想富于吸引力,曾获诺贝尔文学奖。他反对科学上的机械论,心理学上的决定论与理想主义,认为人的生命是意识之绵延或意识之流,是一个整体,不可分割成因果关系的小单位。他对道德与宗教的看法,亦主张超越僵化的形式与教条,走向主体的生命活力与普遍之爱。

维的模式,或者说概念思维是哲学思维中的低级模式。哲学应该属于直觉的领域。当然他并没有将这两者完全地对立起来,认为它们是可以统一起来的,但此统一的基础应该是直觉。他这样说道:"科学和形而上学在直觉中统一起来了。一种真正直觉的哲学必须能实现科学和哲学的这种渴望已久的统一。"根据这样的看法,直觉并不反对概念的认识,而是一定要以概念的认识为其基础。

　　由于概念不能使我们把握认识对象的整体和其本质,所以我们只能在概念认识的基础上依赖于直觉。那么我们是怎么样借助于直觉而把握事物的呢?柏格森说,直觉"是一种单纯而不可分割的感受"。我们可以以阅读为例来理解什么是直觉。在阅读中,我们显然是不能仅仅停留在文字或概念式的认识之中。作家在其创作过程中也显然没有把文字或概念看做是其真正的目的。他的目的是要通过语言文字或概念来揭示出一定的境界或状态,帮助我们进入这一境界或状态之中。如果我们不能领会作家的企图,而只是仅仅停留在语言文字或概念的认识中,那么这显然是我们自己的过错,是对作家企图的真正误解。在此,我们应该意识到的是语言文字或概念仅仅是一种工具或手段。这正如中国古代思想家王弼所说的那样:"言者所以明象,得象而忘言。象者所以存意,得意而忘象。"他认为,言是得象的工具,象也只是得意的工具。因为言和象是得意的工具,所以得到了意就应该抛弃言和象。如果拘泥于物象,就会妨碍对义理的把握;如果拘泥于语言,就会妨碍对于物象的表达。基于这样的认识,所以要想能真正地把握住义理,就得忘象。

于是他说道:"然则忘象者乃得意者也,忘言者乃得意者也。得意在忘象,得象在忘言。"这就是说,要能够真正得到义理或境界或状态,我们就应该通过文字或概念直接进入义理或境界或状态。相反,如果我们拘泥于语言文字或概念,那么我们就不可能真正地进入境界或状态或义理之中。为了明白这一层意思,我们可以以屠格涅夫的作品为例作些说明。

屠格涅夫非常善于描写俄罗斯大草原的风光。他在《猎人笔记》中的《白净草原》一篇中有这样精彩的一段。

这是七月里晴朗的一天,只有天气稳定的时候才能有这样的日子。从清早起天色就明朗;早霞不像炎热的早天那样火辣辣的,不像暴风雨前那样暗红色的,却显得明净清澈,灿烂可爱——从一片狭长的云底下宁静地浮出来,发出清爽的光辉,沉浸在淡紫色的云霞中。舒展着的白云上面的细边,发出像小蛇一般的闪光,这光彩好像炼过的银子。……但是忽然又迸出动摇不定的光线来,——于是愉快地、庄严地、飞也似地升起那雄伟的发光体来。到了正午时候,往往出现许多有柔软的白边的、金灰色的、圆而高的云块。这些云块好像岛屿,散布在无边地泛滥的河流中,周围环绕着纯青色的、极其清澈的支流,它们停留在原地,差不多一动也不动;在远处靠近天际的地方,这些云块互相移近,紧挨在一起,它们中间的青天已经看不见了;但是它们本身也像天空一样是蔚蓝色的,因为它们都浸透了光和热。天边的颜色是朦胧的、淡紫色的,整整一天都没有发生变化,而且四周围都是一样的;没有一个地方酝酿着雷雨;只是有的地方挂着浅蓝色的带子:这便是正在洒着不易看出的细雨。

我们在阅读这一片段时没有感觉到任何的困难,所以很容易在我们的心目中形成一幅关于俄罗斯大草原的极其美丽的画卷。我们没有到过白净草原,但通过阅读屠格涅夫的散文,我们却能身临其境,仿佛闻到了俄罗斯大草原散发出的浓郁的芬芳气息。之所以能使我们身临其境是因为我们没有停留在语言文字或概念之上,而是通过屠格涅夫的语言文字在自己的心灵中直接地与所描写的对象达成了一种交融。这种交融就是我们在欣赏文学作品时经常运用的说法"情景交融"。是读者直接进入阅读对象之中,与对象融成一片。心理学的知识以及阅读经验告诉我们,在阅读的时候,一个优秀的读者的注意力并不是投放在语言文字之上的,他是在不经意间或无意识地阅读语言文字时直接地进入作品的对象之中,与对象打成一片。在这里,你能够直接地走进屠格涅夫所描写的俄罗斯大草原的风景画之中。如果你仅仅停留在语言文字的含义的分析和理解之上,那么你所注意到的景象是割裂成碎片的,不成片段的。如果你不会俄语,那么你阅读屠格涅夫的上述描写的俄文版就绝对不可能进入俄罗斯大草原之中,因为那时你的全部注意力放在了语言文字上,尽管你通过词典对屠格涅夫的这同样一段的描述中每一个概念或语词都可能有很精深的了解。

其实在学习和研究哲学思想的时候也存在着同样的情形。我们在此可以学习和研究孔子思想为例说明这一点。孔子在中国应该是一个尽人皆知的圣人。对中国传统思想略知一二的人都知道，孔子的思想以仁与礼为核心。孔子云："克己复礼为仁"，又说："仁者爱人""夫仁者，己欲立而立人，己欲达而达人。能近取譬，可谓仁之方也已。"《论语》中论及"仁"的语录不下 100 条。研究孔子思想的学者都热衷于罗列此书中关于仁的条目来分析和研究孔子的思想。这似乎是学界的共同做法。

这样的研究方法无可厚非。因为学术研究，尤其是哲学思想研究，对思想家所使用的概念做"条分缕析"的工作是天经地义的事情。如果把哲学思想体系仅仅看做是概念的抽象体系的话，这是正确的。这应该是学术研究训练的基础。但这却不应该是学术研究工作的全部。因为哲学是爱智慧，是对智慧的追求，而智慧是精神的自觉，是思想对思想的认识，是一种无限和超越的境界。对概念的条分缕析是达到这一境界的准备性的工作，而不就是哲学境界自身。这样看来，过语言文字关是从事哲学思想学习和研究的第一步，所以对哲学原典的注解和诠释是哲学思想研究不可缺少的训练。但这不能代替哲学思想本身。因为过了语言文字关之后，更重要的是要过思想关。有的人能够过语言文字关，却过不去这思想关。而另有些人既能够过语言文字关，也能过思想关。

相比于文学,音乐是更直接地与心灵"对话"的艺术。音乐的美,只有静心聆听才能感受和领悟,从声音,而非语言和文字获得感动,才算触及了音乐的本质。

如果采取这种观点学习和研究孔子的哲学思想,那么我们就不能仅仅停留在对孔子用来表达自己思想的概念或语词的爬梳和分析之上,而应该是进一步进入孔子思想的境界中去。用柏格森的话说就是,你必须要能"入戏",用我们现在的说法就是你必须能与孔子本人进行对话或交流,使自己的心灵直接地与孔子的相碰撞,或者还是用柏格森的话说,与孔子进行一种理智的交融,"这种交融使人们自己置身于对象之内,以便与其独特的从而是无法表达的对象相符合"。所说的"无法表达的对象"就是思想,就是人格,就是生命,就是哲学所要达到的境界。这就要求在阅读《论语》之时,既要细心地阅读经典,理解其中的每一字每一句,也要不断地掩卷思索玩味,想见孔子的为人处事,时时努力地进入孔子思想的深处,极力使自己成为孔子本人,与孔子的生命之流贯通融会在一起,仿佛身处孔子的时代境遇之中。这样长期的沉潜涵泳,体味深察,我们就能逐渐地进入孔子思想之中,领略他的思想妙处。学习和研究中国传统的哲学思想尤其要重视这一点,而不能停留在概念的演绎、分析之上。把研究的兴趣完全地投放在语言文字或抽象概念的分析演绎上往往会丢失中国传统哲学思想的精义。

我们并不像中世纪基督教的著名神父德尔图良那么极端,完全否认逻辑技巧的效用。他这样说道:"啊!早已逝去的亚里士多德哟!您为异端发现了辩证的技巧、破坏的技巧、可以论断一切却什么也不能完成的技巧!"逻辑技巧可以论断一切,但却什么也不能完成,这就是逻辑思维面临的困境。当然我们不会学德尔图良,我们承认逻辑思维的重要作用,但同时我们也指出,逻辑思维并不是哲学的全部,而且逻辑思维自有其局限性,所以它应该得到直觉思维的补充。在紧张的逻辑思维之后,直觉思维的能力就得到了展现。它产生一种勃发的、动态的顿悟境界,给人的思想灌注巨大的清新感和欢乐感,从而加速理性思维的运思,加大理性思维的流量;它使人们能够在问题丛生的杂乱中找到摆脱思维困顿的突破口从而明确前进的方向。一旦直觉思维的能力处在紧张的运思之时,它就会呈现出一种特别的境界。在此境界中,**直觉思维能以一种直接、整体的方式领悟和体认周围一切的奥秘**。这时各种局部的形式及其界限消退了,它们形成了一个浑然融合的整体。在这样的境界中,主体和客体之间的界限消失,两者融为一体。这就是柏格森所说的"入戏"。我进入了作品中的主人公的生命深处,仿佛我自己就是主人公。

五

哲学的价值

  按照中国哲学的传统,它的功用不在于增加积极的知识(积极的知识,我是指关于实际的知识),而在于提高心灵的境界——达到超乎现世的境界,获得高于道德价值的价值。《老子》说:"为学日益,为道日损。"这种损益的不同暂且不论,《老子》这个说法我也不完全同意。现在引用它,只是要表明,中国哲学传统里有为学、为道的区别。为学的目的就是我所说的增加积极的知识,为道的目的就是我所说的提高心灵的境界。哲学属于为道的范畴。

——冯友兰

《寒江独钓图》(马远,12世纪上半叶)

在茫无涯迹的江面上,渔者荡舟垂钓,怡然自得,画面空灵澄澈,似乎映照出渔者宁静澹泊的内心。尽管水天浩荡之间,他孑然一身,但俨然已同于大化,达到天人合一的境界了。

1　无用之为大用

为什么要学习哲学？这一问题询问的是，哲学到底有什么样的价值，或者说得更直接一些就是，哲学究竟有些什么用处。生在崇尚实用时代的人们当然要问研究哲学的价值的问题。如果哲学毫无价值或用处，我们为什么还要去学习或研究哲学呢？

因为我们现在已经习惯用实用的观点或视角来关照任何一个问题，不管这样的问题是实际的问题还是理论的问题。如果你提出了有关纯理论的研究课题，你面临的最基本问题就是，这一课题有什么理论的意义。如果这一询问还情有可原的话，那么接下来的问题就会使从事纯理论研究的学者哭笑不得，即纯理论研究课题的实际意义或价值，或者说它有无实际的社会效益。如果没有实际的效益，那么这一课题就有被搁置一旁的危险。

如果一定要明确地回答"学习或研究哲学有什么价值或意义"的话，那么回答也必定是明确的，哲学不可能有什么实际的效益或价值。从实用的角度来看，哲学毫无用处，丝毫没有价值。

但我们现在必须要明确的一个问题是，为什么我们一定要从实用的或实际的利益的角度来审视哲学呢？这样的审视角度就一定是合理的吗？

哲学固然没有实用的价值，难道科学就有什么实用的价值吗？你肯定不同意我们的看法，谁能说或者谁敢说科学没有实用的价值。科学在现代社会中起着决定性的作用，这是谁也不能否认的事实。但科学的起源决不是因为它有什么实用的价值。

早在1923年爆发的那场旷日持久的"科玄论战"中，站在"科学派"立场上的王星拱就指出过，科学在其起源时与实用无缘。他讨论了科学的起源和效用问题。他指出，科学的起源决非出于偶然。人类是有理性的动物，所以科学的出现有种种心理上的根据。他列举了导致科学出现的人的心理根据：

1. 惊奇　人类有惊奇的心理，我们看见花开花落、四时代谢、昼夜交替等自然现象，莫名惊诧，于是刨根问底，寻求所以然，这种惊奇的心理导致了科学的出现。

2. 求真　无论何人总想明白万事万物的真相，总是相信真实的东西而反对虚假的东西。

3. 美感　美感无论是物质的还是精神的，都是人类所共有的。科学家所以尽心竭力研究科学的原因，就是因为科学中间有着和谐一致的美。所以在科学的起源中,美感是一个十分重要的因素。

4. 致用　科学起源与实用的目的是分不开的,不过在科学起源时,实用并不是一个很重要的原因,只是到了近代,致用这一因素才在科学的进步中起着越来越大的作用。

如此等等。

可见,科学的起源原本与实用无缘。惊奇、求真、求美才是导致科学产生的真正的原因。懂得了这个道理,我们才能够明白为什么欧几里德研究几何的真正用意。一天有个学生问他道:"学习或研究几何学有什么用处呢?"在今天看来这样的问题实在是很基本的习以为常的问题,我们会见怪不怪了。但平时温文尔雅的欧几里德听到这一问题时却勃然大怒,拍案而起,指着那个学生吼道:"你跟着我学几何学,居然还要问我学几何学有什么用,这简直是侮辱我,侮辱几何学。"这应该是学习几何学的人都知道的历史故事。欧几里德的愤怒不是没有理由的。科学的精神是求真、求美、求了解和把握大自然的奥秘,这是研究科学的首要的目的。至于实用性只不过是科学研究的副产品。

哲学有和科学相同之处,即它不具有实用的价值,它不能用来"烤面包"吃。当然哲学也有与科学不同地方。科学的起源虽然与实用无缘,但科学知识的确定性却给人类、社会带来实用的价值,使社会发生了翻天覆地的变化。而哲学从其诞生之日直至今天的两千多年的发展历史中虽也在孜孜寻求具有确定性的知识,然而却毫无结果。一部哲学史就是不同的观念、思想、意见堆积的历史。柏拉图所提出的那些哲学问题在今天仍然是哲学家们争论不休没有定论的问题。这种情况决定了哲学似乎不具备实用的价值。

哲学不具备实用的价值。但哲学家却不一定因此没有丝毫的实用的品行。众所周知,西方哲学的第一位哲学家是泰勒斯,据亚里士多德说,有一年泰勒斯注意到橄榄的收成看好,于是他灵机一动,便买下了当时所有的榨油机,待机高价出售。据说,这一年他大大地发了一笔。泰勒斯一开始从政,后又转向研究数学和天文学,他曾经精确地计算出了日食的时间,在他预言日食的那一天,太阳也真的被遮住了。泰勒斯竟能预言橄榄收成,并因此而大赚一笔;他也竟能精确地预言日食的时间。谁还能够说、还敢说哲学毫无实用价值呢?

泰勒斯因贫穷被人嘲笑,于是他拿出自己的所有积蓄租下了橄榄油榨油机,以备来年收获季节之用。到时,他就可以随意地把榨油机租给那些需要者。这表明,哲学家照样会赚钱,只不过他们对其他的事更感兴趣而已。

但我们还不能够确定泰勒斯发财、预言日食一定与他所具有的哲学知识有什么必然的联系。如果我们能够确定这两者之间的关系,那么哲学在今日的地位肯定会大大地改观。而且问题还在于,泰勒斯能够做出这样的具有实用性的事业,别的哲学家未必能够,历史上也很少有哲学家因为他的哲学知识而发财的。有人不同意这样的看法。因为索罗斯就是哲学家兼经济学家,他当然是很富有的。但他的富有似乎并不是由于他是一位哲学家,而是由于他是一位经济学家。有因为研究哲学而走向贫困的哲学家。费尔巴哈似乎就是这样的一位。由于和一位富有的女人结婚,他便有机会"洗涤干净,脱离垃圾一样的单身男人的生活,走进神圣婚姻的健康的清水中",拥有庞大的水果蔬菜园,到处是野兽与飞禽的大片森林,还有一个鲤鱼塘。但由于不善于经营,他的生活最终还是陷入困顿之中。所以泰勒斯只能作为一个特例,不具有普遍性。

其实不仅哲学没有实用的价值,任何纯学术研究也似乎不具有实用的价值。比如马克思是一位著名的经济学家,但他写作《资本论》这一揭露资本主义社会财富积累秘密的巨著时,不也是身无分文,得靠他的朋友恩格斯资助来维持自己的写作和家庭生活吗?当然经济学与哲学相比具有确定得多的知识系统。

这样看来,正如罗素所说,哲学的价值必然不在于哲学家或哲学研究者可以获得一套明确肯定的知识体系如科学或经济学那样。那么哲学的价值应该在什么地方寻求呢?

罗素答道:哲学的价值绝大部分应该在它的极不确定性之中去

追求。

他说道：没有哲学色彩的人一生免不了受缚于种种偏见，由常识、由他那个时代或民族的习见、由未经深思熟虑就滋长的自信等等所形成的偏见。对于这样的人，世界是固定的，有穷的，一目了然的；普通的客体引不起他的疑问，可能发生的未知的事物他傲慢地否定掉。但是反之，……只要我们一开始采取哲学的态度，我们就

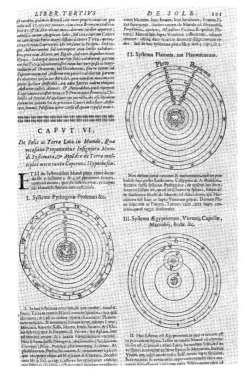

真正的哲学家的兴趣不在于追求现实的功利目标，而是满足自己知识上的兴趣，拓展自己思考的疆域，提升自己的心灵的境界，使自己能够"像上帝那样去看"。图为古希腊的毕达哥拉斯学派以数学模型为基础构想的世界图景，这是一种典型的前苏格拉底时代的哲学家的活动。

会发觉,连最平常的事情也有问题,而我们能提供的答案又只能是极不完善的。哲学虽然对于所提出的疑问不能肯定告诉我们哪个答案对,但是却能扩展我们的思想境界,使我们摆脱掉习俗的控制。因此,哲学虽然对于例如事物是什么这个问题减轻了我们可以肯定的感觉,但是却大大增长了我们对于事物可能是什么这个问题的知识。它把从未经过自由怀疑的境地的人们的狂妄独断说法给排除掉,并且指出熟悉的事物中那不熟悉的一面,使我们的好奇感永远保持灵敏状态。

哲学的实用性在于能够点出些不犯疑的事情。此外,哲学的价值(也许就是它主要价值)在于哲学所思考的对象是重大的,而这种思考又能使人摆脱掉个人那些狭隘的打算。一个听凭本能支配的人,他的生活总是拘禁在他个人利害圈子里;这个圈子可能也包括他的家庭和朋友,但是外部世界是绝不受重视的,除非外部世界有利或者有碍于发生在他本能欲望内的事物。这样的生活和哲学人恬淡的、逍遥的生活比较起来,就是一种类似狂热的和蛰居的生活了。追求本能兴趣的个人世界是狭小的,它夹在一个庞大有力的世界之内,迟早我们的个人世界会被倾覆。除非我们能够扩大我们的趣味,把整个外部世界包蕴在内。不然,我们就会像一支受困在堡垒中的守军,早知道敌人不让我们逃脱,最后不免一降。在这样的生活里,没有安宁可言,只是坚持抵抗的欲望和无能为力的意志在互相倾轧。倘使我们的生活伟大而自由,我们就必须用种种方法避开这种蛰居和倾轧。

哲学的冥想就是一条出路。通盘来看,哲学的冥想并不把宇宙分做两个相互对立的阵营——朋友和仇敌,支援的和敌对的,好的和坏的——它综观整体。哲学的冥想只要还是纯粹的,其目的便不在于证明宇宙其余部分和人类相似。知识方面的一切收获,都是自我的一种扩张,但是,要达到这种扩张,最好不直接去追求。在求知欲单独起作用的时候,不预先期望研究对象具有这样或那样的性质,而是使自我适合于在对象中发现的性质,只有通过这样的研究,才能达到自我扩张。如果我们把自我看成本来的样子,而想指出世界和这个自我是如此之相似,以至于不承认那些似乎与之相异的一切,还是可以得到关于世界的知识,这样是根本无法达到这种自我扩张的。想证明这一点的那种欲望就是一种自我独断;像所有的自我独断一样,它对于其所迫切希求的自我发展是一个阻碍,而且自我也知道它会是这样的。自我独断,在哲学的冥想之中正如在其他地方一样,是把世界看成达到它自己目的的一种手段;因此,它对于自我看得比世界还重。而且自我为世界的有价值的东西之伟大立了界限。在冥想中,如果我们从非我出发,便完全不同了,通过非我之伟大,自我的界限扩大了;通过宇宙的无限,那个冥想宇宙的心灵便分享了无限。

哲学不像科学那样能够给我们提供一套确切明白的知识体系,所以哲学也就不具有科学那样的实用性。所以哲学是无用的。但哲学的这种无用却成就了它的大用,即它虽然不能提供有实用性的知识体系,然而哲学却能将自我从狭隘自私封闭的小圈子中提升出来,达到一种崇高伟大的境界,与无限伟大的宇宙合一。这就是说,哲学不能向我们提供具有确切性的知识体系,但它却能够给我们一个观察人生、社会的新的视角或视点。即哲学能够使我们不从一个个人的或私人的角度,从此时此地来看事物。如果只从私人的或此时此地的角度来看事物,那么我们便会在主体和客体之间,人和事物之间垒起一道不可逾越的鸿沟,筑成一道藩篱,结果人的心灵就被囚禁在囹圄之中。哲学的真正价值在于它使我们"像上帝那样去看,不从一个此地和此刻去看,不期望,不恐惧,也不受习惯的信仰和传统的偏见所束缚,而是恬淡地、冷静地、以纯粹追求知识的态度去看,把知识看成是不含个人成分的、纯粹可以冥想的、人类所可以达到的"。

  罗素所说的"像上帝那样去看"的说法用中国哲学的说法就是要从"道"的观点来看。庄子不是说过要"以道观之"吗?"以物观之"和"以道观之"是两种截然不同的观点。"以物观之"就是罗素所说的从个人私人的此时此刻的观点观察事物。而"以道观之"则是从一种超越的观点观照一切。这种观点与苏格拉底看法相同,后者认为智慧是神的,不是人的,学习哲学就是要学习从智慧的角度观照事物,来指导人生。哲学不像其他的学科以某些局部的现象为其研究或思考的对象,而是以整个宇宙作为其思考的对象。由于哲学思考的对象是伟大的、无限的,所以思考这一伟大无限的心灵也就变得伟大无限,因此那些习惯于哲学思考的人们的心灵就能够和宇宙合而为一:"宇宙便是吾心,吾心即是宇宙。"

如果说西方哲学的思考模式或方法有与中国哲学不同之处,那么在哲学思考追求的目标上,至少就罗素对哲学价值的看法而言,西方哲学和中国哲学是有相通的地方的。孟子不就说过"尽心知性知天"的话吗?庄子不也说过:"天地与我并生,万物与我为一"的话吗?其实这样的至理名言在中国哲学中简直是俯拾即是。张载云:"大其心则能体天下之物,物有未体,则心为有外。世人之心,止于闻见之狭;圣人尽性,不以闻见梏其心,其视天下无一物非我。""天下无一物非我",是说物我无别,主客交融,这是一种何等伟大崇高的境界啊!所以张载着重"穷神知化,与天为一"。又如程灏说:"只心便是天,尽之便尽心,知性便知天。当处便认取,更不可外求。"此外,如"上下与天地同流""周流无穷,而不滞于一隅""仰观宇宙之大,俯察品类之盛""仰以观于天文,俯以察于地理,是故知幽明之故"等等。中国哲学家的这些说法与罗素是相通的,其主旨都在于提升人的境界。

一旦我们习惯于"像上帝那样去看"或能够做到"以道观之",那么像罗素所说的那样,我们"便会在行动和感情的世界中保持同样的自由和公平。它会把它的目的和欲望看成为整体的一部分,而绝无由于把它们看成是属于其余概不受任何人为影响的那个世界中的一些极细小的断片结果而有的固见。冥想中的公平乃是追求真理的一种纯粹欲望,是和心灵的性质相同的,就行为方面来说,它就是公道,就感情方面说,它就是博爱,这种爱可以施及一切,不只施及那些被断定为有用的或者可推崇的人们。因此,冥想不但伸张我们思考中的客体而且也伸张我们行为中的和感情中的客体;它使我们不只是属于一座和其余一切相对立的围城中的公民,而是使我们成为宇宙的公民。在宇宙公民身份之中,有人的真正自由和从狭隘的希望与恐怖的奴役中获得的解放"。

2 哲学乃为境界之学

哲学是什么呢?行文至此,我们似乎可以给哲学下这样的一个大而无当但却确实无疑的定义,即**"哲学乃是关于境界之学"**。我们已经看到西方哲学家至少罗素是从这样的角度来看哲学的价值的。对于中国哲学而言,关于哲学这一定义更是恰当贴切的。

我们经常听到过这样的议论,说西方文化的核心是宗教,中国文化的核心是哲学。罗素说哲学是介乎神学与科学之间的,这一说法是针对着西方哲学说的。如果从中国哲学来看,这一说法应该说是不确切的。因为中国哲学是中国文化的核心。

冯友兰曾经讨论过哲学在中国文化中的地位问题。为什么要讨论这一问题呢?因为世界上绝大多数的民族以宗教的观念和活动为生活中最重要、最迷人的部分,为什么中国人竟是个例外呢?经过研究,他指出,对超乎现实世界的追求是人类的先天的欲望之一,中国人并不是例外。中国人也同样有这样的超道德的追求。但中国人对这样的境界的追求不是通过宗教的途径,而是借助于哲学

冯友兰(1895—1990年),中国现代哲学家,主要哲学著作有《中国哲学史》《中国哲学简史》《中国哲学史新编》《新理学》《新事论》《新世训》《新原人》《新原道》《新知言》等。

达到超乎道德的境界。而且可以更进一步说,通过哲学所达到的境界要高于经过宗教所达到的境界。为什么呢?因为宗教混杂着想象和迷信,不如哲学来得纯粹,不如哲学的"洁净空阔"。所以冯友兰充满信心地说道:"在未来的世界里,人类将要以哲学代替宗教。这是与中国传统相合的。人不一定是宗教的,但是他一定应当是哲学的。他一旦是哲学的,他也就有了正是宗教的洪福。"

那么在他的眼里,哲学又是什么呢?他说:"哲学就是对于人生的有系统的反思的思想。"所以哲学的功用不在于它能够给人提供或增加积极的知识如关于化学或物理或其他等等的科学方面的知识。它的功用在于提高心灵的境界,在于达到超乎现实世界的境界,获得高于道德的价值。具体说,学习或研究哲学不会使你成为化学家或物理学家或其他什么的科学家这样的专门人才,而是使你懂得人之所以为人的道理,在于使你获得人生的意义和价值。那么所说的做人的道理、意义和价值的具体的含义是什么呢？冯友兰认为,哲学的目标就是要使人达到这样的一种境界,在此境界之中,人与宇宙不是分离的,而是与宇宙及其中的万事万物合一的。

现在需要讨论的问题就是,怎么样来达到这一境界？

在冯友兰看来,所谓提高人的境界,就是使人如何成为圣人。究竟怎么样才能使人成为圣人呢？这就是冯友兰的"新理学"哲学思想体系想要回答的问题。

成为圣人的当然是人。冯友兰指出,人的生活是"有觉解底生活"。所谓解就是了解；觉是自觉。了解必须依赖概念。自觉则是一种心理状态,所以不必依赖概念。冯友兰指出,有觉解是人生的最突出的性质,也可以说是人生的最重要的性质。因为人生有觉解,所以人在宇宙间就自然具有了一种极其特殊的地位。宇宙间的事事物物本来是没有意义的,但有人的觉解,那么事物也就向人呈现出种种不同的意义。

人对于一事物的了解不同,这一事物就对人呈现不同的意义。人对于一事一物的了解有程度上的不同。深的了解可谓之胜解,最深的了解可谓之殊胜解。对于事物的最高程度的了解,即完全的了解,在理论上或事实上是不可能的。然而我们总是追求对于事物了解得越多越好,事物也因此向我们所呈现的意义也就越丰富。

人之所以能有觉解,就是因为人是有心的。人有心,心就是"知

《落花图卷》(沈周,15世纪)

觉灵明"。宇宙间有了人,有了人的心,即如黑暗中有了明灯。所以说:"人者,天地之心。"就存在方面说,人不过是宇宙万物中的一物,人有心不过是宇宙万物中的一事。但就觉解方面说,宇宙间有了人,有了人心,天地万物便一时明白起来。因此可以说"人与天地参"。知觉灵明是人心的要素。人将其知觉灵明充分发扬光大,即是所谓"尽心"。

冯友兰强调人对宇宙与社会的觉解,强调要深入地认识和把握宇宙的人生的内在规律,才能真正体现人生的价值和意义,突出了人的价值主体的地位,有益于人提高自身的精神境界。

根据人对宇宙人生的觉解程度的不同,因此也就构成了人生从低到高的不同的四种境界,即自然境界、功利境界、道德境界和天地境界。

自然境界中的人的行为是顺着自己的才情,但他对于自己的行为的性质并没有清楚的了解。这就是说,他不了解自己所做的事情的意义。就此方面说,他的境界是一个混沌。

功利境界中的人,其行为的目的是为利,是为他自己的利。在自然境界中的人,因为有为利的行为,但他并不自觉其在为利。但在功利境界中的人对自己的利有清楚的觉解,他自觉到自己的行为的目的是为了自己的利。他甚至可以牺牲自己,但其最终目的仍然是为了自己的利。

道德境界中的人,其行为是"行义"。这样的人认识到人必须在社会中才能求得自己的发展,社会与个人并不是对立的。个人是离不开社会的,只有在社会中,人才能求得生存。于是,他就认识到,人的行为应该以贡献为目的。

在天地境界中的人,其行为是事天。冯友兰认为,在此境界中的人,在了解是社会的全之外,还有宇宙的全。人必须在了解了宇宙的全之后,才有可能意识到自己不仅是社会的一员,而且是宇宙的一分子,不但对于社会要有贡献;对于宇宙,人也应该有所贡献。人不但在社会中要堂堂正正地做一个人,亦应该在宇宙中堂堂正正地做一个人。

冯友兰认为,境界的高低完全取决于人的觉解的多少为标准。觉解多者,其境界高。觉解少者,其境界低。自然境界所需觉解最少,所以自然境界是最低的境界。天地境界,需要最多的觉解,所以天地境界是最高的境界。到了天地境界,人的觉解已发展至最高的程度。至此境界的人已尽其性,在此境界中的人可谓之圣人。

接下来的问题就是,人是如何成圣的呢?

在冯友兰看来,这是一个极其简单的问题。他的"新理学"的哲学思想体系就是向人们指引出一条入圣域的路径。他这样说道:"新理学中底几个主要观念,不能使人有积极底知识,亦不能使人有驾御实际底能力。但理及气的观念,可使人游心于'物之初'。道体及大全的观念,可使人游心于'有之全'。这些观念,可以使人的境界不同于自然、功利及道德诸境界。……在这种境界中底人,谓之圣人。哲学能使人成为圣人。这是哲学的无用之用。"

具体而言之,只有进入天地境界的人才有可能成为圣人。在天地境界中的人,其行为是事天。他们了解到除社会的全之外,还有宇宙的全。人知道了有宇宙的大全之后,人之所以为人者才能得到尽量的发挥,始能尽性。他自觉到自己不仅是社会的一分子,而且还是宇宙大全的一分子。所以不但对于社会,人应有贡献,对于宇宙,人也应做贡献。"人有了此等进一步底觉解,则可从大全、理及

策马行进在白云深处的两位文人高士。他们不畏艰险,长途跋涉,是为了寻求神仙的长生不老之道吗?或者,他们寻求的,就是通达天地境界的哲学之大"道"。

道体的观点,以看事物,从此等新的观点以看事物,正如斯宾诺莎所谓从永恒的形式的观点,以看事物。人能从此种新的观点以看事物,则一切事物对于他皆有一种新底意义。此种新意义,使人有一种新境界,此种新境界,即我们所谓天地境界。"

根据冯友兰的看法,人所以可能进入天地境界,所以可能成为圣人,就是因为人可以具有理、气、道体和大全这些哲学观念。其中,大全这一观念最为重要。所谓**大全**是说涵盖了一切的有。大全也可以说就是宇宙。宇宙的概念在哲学上是无限的。人如果能够从道、大全的概念来看事事物物,事事物物就会向他呈现不同于常人的意义。如此他就会自觉地认识到自己是宇宙的一分子,因此他就会从这一角度来做事做人。他因此即可以知天、事天、乐天,最后至于同天。同天境界是天地境界中的人的最高造诣。"人的肉体,七尺之躯,诚只是宇宙的一部分。人的心,虽亦是宇宙底一部分,但其思之所及,则不限于宇宙的一部分。人的心能作理智底总括,能将所有底有,总括思之。如此思即有宇宙或大全的观念。由此思而知有大全。……自同于大全,不是物质上底一种变化,而是精神上底一种境界。所以自同于大全者,其肉体虽只是大全底一部分,其心虽亦只是大全底一部分,但在精神上他可以自同于大全。"

冯友兰的境界说既然是建立在他的共相理论基础上的,那么他的境界说与中国传统哲学思想中的境界说又有什么样的关系呢?

可以肯定地说,冯友兰的境界说与中国传统哲学思想中的境界说已经有了很大的区别。因为很显然,中国传统哲学思想中的境界说没有冯友兰这样的共相理论作为基础。对此冯友兰本人有着充分的自觉。他说:"中国需要现代化,哲学也需要现代化。现代化的中国哲学,并不是凭空创造一个新的中国哲学,那是不可能的。新的现代化的中国哲学,只能是用近代逻辑学的成就,分析中国传统哲学中的概念,使那些似乎是含混不清的概念明确起来,这就是'接着讲'与'照着讲'的分别。"他认为,自己的哲学思想体系并不是照着中国传统哲学讲下来的,而是接着讲。所谓"接着讲"的意思是说,他自己的哲学问题就是中国传统哲学中的老问题。但这些问题需要运用西方的逻辑学的方法使其明确起来,并给予充分的论证,由于是运用了西方近代以来的逻辑学的最新成就,所以他的哲学思想体系也就显然地不同于传统的中国哲学。他把西方近代以来的逻辑学看做是正的方法,并且指出这样的正的方法是传统的中国哲学所没有的,所以我们要急于加以引进。由于冯友兰的境界理论是以西方的逻辑学方法为基础,所以其理论要比传统的中国哲学来得细密、谨严,但也似乎显得迂阔、不着实际、过于空虚。然冯友兰本人并不以迂阔、空虚、不着实际为病,相反却以此为自己的哲学思想的特色。

在冯友兰的哲学思想中,其方法是来自西方哲学的,而他的境界理论基本上仍然是继承着中国传统哲学的。冯友兰在中国现代哲学上的贡献是他能够自觉地为中国传统哲学的境界理论奠定方法论的基础。把境界理论看做是哲学的核心内容是中国哲学的特色。如孟子云:"万物皆备于我。"《庄子》曰:"天地与我并生,万物与我为一。"张载在其《西铭》中说道:"乾程父,坤程母,余兹藐焉,乃浑然中处。故天地之塞,吾其体;天地之帅,吾其性。民吾同胞;物吾与也。"天为父,地为母,我是渺小,和万物一样,生于天地之间,所以充塞于天地之间的气就构成我的身体;作为天地之间的统帅的气的本性就是我的本性。人民都是我的同胞,万物都是我的同伴。张载不是从小我来看待天地及其万物的。他的视角就是广阔无限的宇宙。他说:"性者万物之一源,非有我之得而私也。惟大人为能尽其道。是故立必俱立,知必周知,爱必兼爱,成不独成。"他所达到的境界就是天地境界。你听他这样说道:"为天地立心,为生民立命,为往圣继绝学,为万世开太平。"程颢也说道:"学者须先识仁。仁者浑然与物同体,义礼智信皆仁也。"此中所说的"仁"就是指的天地境界。这样的语录可以说在中国传统哲学的典籍中俯拾即是。此种传统一直延续至中国现代哲学。中国现代哲学家都认为,哲学或形上学讲的都是境界之学。如熊十力说:"仁者本心也,即吾人与天地万物所同具之本体也。"熊氏此处所说的"体"并不是离心而外在的本体,心就是本体,它可以显现为万事万物。宇宙本体不是超越于人类而独立存在的,吾人真性遍为天地万物本体,天地万物之本体就是吾人真性。可见,熊氏的本体论就是一种境界论。

同样金岳霖也反复强调,哲学的目标是达到与宇宙合一的最高的境界。他这样说道:"中国哲学家都是不同程度的苏格拉底式人物。其所以如此,是因为伦理、政治、反思和认识集于哲学家一身,在他那里知识和美德是不可分的一体。他的哲学要求他身体力行,他本人是实行他的哲学的工具。按照自己的哲学信念生活,是他的哲学的一部分。他的事业就是继续不断地把自己修养到进于无我的纯净的境界,从而与宇宙合而为一。这个修养过程显然是不能中断的,因为一中断意味着自我抬头,失掉宇宙。因此,在认识上,他永远在探索;在意愿上,则永远在行动或者试图行动。这两方面是不能分开的,所以在他身上你可以综合起来看到他那本来意义的'哲学家'。他同苏格拉底一样,跟他的哲学不讲办公时间。他也不是深居简出、端坐在生活以外的哲学家。在他那里,哲学从来不是一个提供人们理解的观念体系,它同时是哲学家内心中的一个信念体系,在极端情况下,甚至可以说是他的自传。"在《论道》一书中,他又进一步论说道:"不道之道,各家所欲言而不能尽的道,国人对之油然而生景仰之心的道,万事万物之所不得不由,不得不依,不得不归的道才是中国思想中最崇高的概念,最基本的原动力。对于这样的道,我在哲学底立场上,用我这多少年所用的方法去研究它,我不见得能懂,也不见得能说得清楚,但在人事底立场上,我不能独立于自己,情感难免以役于这样的道为安,我底思想也难免以达于这样的道为得。"金岳霖所谓的"道"是本体,是智慧,也是境界。

智慧女神雅典娜

黑格尔对哲学的价值有一段精彩的概括:

> 一个国家没有哲学,就像一座雄伟壮观的庙中没有神像一样,空空荡荡,徒有其表,因为它没有可信仰的东西,可尊敬的东西。

哲学是什么呢?我们在本书的开头部分曾经说过,哲学就是爱智慧,是对智慧的不懈的追求。智慧是神的,是超越的,是无限的。我们追求智慧就是企图从一个无限的角度来关照我们有限的生活,寻求生活的意义或价值,重塑我们的灵魂,提升我们的境界,使我们得到幸福美满的生活。

阅 读 书 目

1. 罗素:《哲学问题》,商务印书馆,1959。
2. 海德格尔:《这是什么——哲学》,《海德格尔选集》,上海三联书店,1996。
3. 冯友兰:《中国哲学简史》,北京大学出版社,1985。
4. 冯友兰:《中国哲学史新编》,人民出版社,1989。
5. 孙正聿:《哲学通论》,辽宁人民出版社,1998。
6. 张世英:《哲学导论》,北京大学出版社,2002。
7. 威廉·魏施德:《后楼梯》,华夏出版社,2000。
8. 张天飞等主编:《哲学概论》,华东师范大学出版社,1997。
9. 威尔·杜兰特:《哲学的故事》,生活·读书·新知三联书店,1997。
10. 王德峰:《哲学导论》,上海人民出版社,2000。

(以上书目由胡军推荐)

后 记

在生活中,有的事情确实是不能避免的,比如吃饭、穿衣、看书、讲课等等,或者说你想回避也回避不了。因此唯一能够做的就是常常想着如何尽力去把它们做好。

但有的事情似乎并不如此,所以它们也就常常地不会进入我的思考或计划之中。

这似乎就是生活中的逻辑。但生活本身并不是逻辑,所以逻辑也并不能规范我的生活。如果生活完全按照逻辑的规则演绎,固然是秩序井然,有条有理,有效率。但有一点是肯定的,即这样的生活是索然无味,没有任何意义,也引不起人的兴致。这样的刻板的生活,没有人愿意过。

当然生活也不能没有秩序。无章可循的生活,虽然时时处处会出现些使人颇感兴趣的插曲,但它着实令人感到可怕、恐惧,没有效率,所以令人讨厌。

我想最好的生活应该是夹于有逻辑和没有逻辑之间。遵守逻辑固然是一种秩序,没有逻辑也未见得没有秩序,因为无序也是一种秩序。既有序又无序的生活应该是最佳的生活方式。生活有序,我们可以按部就班,遵章行事,很有效率;生活无序,往往会出现些意想不到的事情，对于自己而言，应付它们就是一种挑战，一种超越。在很大部分时间内，我们都愿意接受挑战。

于是，结果也就是不得不在生活中去考虑那些原来并不曾注意到或原来没有计划要做的那些事情。我接受写作《哲学是什么》就是这样的一件事情。我习惯于做些小的题目的文章，原因是因为感觉到自己才识有限。所以我虽然学习研究哲学多年，但从未考虑过有朝一日要写《哲学是什么》的普及性读物。但由于北京大学出版社杨书澜女士的邀请，我没有多加思考，也就半推半就地接受下来。这是因为我开始还真没有考虑到这一任务的艰巨，认为写普及性读物虽然不能说容易，但也不能说是一件十分艰巨的任务。因为自己毕竟是学习哲学的，虽然没有形成自己的系统的哲学思想，但随感还是有的嘛。所以还是比较自信。

然而随着时日的消逝，当我不得不动笔写作时，我才真正感觉到了写作《哲学是什么》一书的困难和艰巨，而且简直是苦不堪言。说实在话，当时我真想打退堂鼓，找个什么理由，一推了事。但既然已经承诺，就得硬着头皮写下去，因为一诺千金，人不能不讲诚信。

不管怎么样，书是写完了，它就是摆在读者面前的这本小册子《哲学是什么》。到底写得怎么样，只有让读者去评价。对于我个人而言，毕竟是完成了一件大事，也终于可以舒一口气了。

这本书没有按照教科书的写法来写。这样做的理由是，现在关于哲学的教科书已有不少，而且有的写得相当的不错。我自叹赶不上他们。因此大可不必在这些关于哲学教科书之外再增加一本。

既然不是按照教科书的写法来要求自己，所以也就没有必要面面俱到，所要做的就是紧紧围绕"哲学是什么"这样的主题来写，讨论些主要的哲学问题及我对这些问题的一些不成熟的想法。而且对这些问题的讨论也是采取较为自由的方式。

此书从策划、酝酿到收集材料、写作、修改、定稿和编辑的整个过程都凝聚着杨书澜女士的不少的心血。她提出了许多很有价值的建议和修改意见。可以说，没有她的鼓励、支持、理解和那些具有建设性的修改意见和建议，我是决不可能完成此书的撰写的。

现在我的感觉是自己很不能够胜任写作《哲学是什么》这样的通俗的书籍。因此书中的不足乃至错误之处必定不少，真诚地希望读者朋友多多地加以批判指正。学习哲学就是一种对话，我真诚地希望通过《哲学是什么》这一本小册子与读者朋友建立起相互学习、相互理解、共同前进的学术性的良好关系。

胡 军
2002 年 4 月 29 日于蓝旗营寓所

编辑说明

自 2001 年 10 月《经济学是什么》问世起，"人文社会科学是什么"丛书已经陆续出版了 17 种，总印数近百万册，平均单品种印数为五万多册，总印次 167 次，单品种印次约 10 次；丛书中的多种或单种图书获得过"第六届国家图书奖提名奖""首届国家图书馆文津图书奖""首届知识工程推荐书目""首届教育部人文社会科学普及奖""第八届全国青年优秀读物一等奖""2002 年全国优秀畅销书""2004 年全国优秀输出版图书奖"等出版界的各种大小奖项；收到过来自不同领域、不同年龄的读者各种形式的阅读反馈，仅通过邮局寄来的信件就装满了几个档案袋……

如今，距离丛书最早的出版已有十多年，我们的社会环境和阅读氛围发生了很大改变，但来自读者的反馈却让这套书依然在以自己的节奏不断重印。一套出版社精心策划、作者认真撰写但几乎没有刻意做过宣传营销的学术普及读物能有如此成绩，让关心这套书的作者、读者、同行、友人都备受鼓舞，也让我们有更大的信心和动力联合作者对这套书重新修订、编校、包装，以飨广大读者。

此次修订涉及内容的增减、排版和编校的完善、装帧设计的变化,期待更多关切的目光和建设性的意见。

  感谢丛书的各位作者,你们不仅为广大读者提供了一次获取新知、开阔视野的机会,而且立足当下的大环境,回望十多年前你们对一次"命题作文"的有力支持,真是令人心生敬意,期待与你们有更多有益的合作!

  感谢广大未曾谋面的读者,你们对丛书的阅读和支持是我们不懈努力的动力!

  感谢知识,让茫茫人海中的我们相遇相知,相伴到永远!

北京大学出版社
2015 年 7 月

"人文社会科学是什么"丛书书目

哲学是什么　　　　　　社会学是什么

文学是什么　　　　　　心理学是什么

历史学是什么　　　　　教育学是什么

伦理学是什么　　　　　管理学是什么

美学是什么　　　　　　新闻学是什么

艺术学是什么　　　　　传播学是什么

宗教学是什么　　　　　法学是什么

逻辑学是什么　　　　　民俗学是什么

语言学是什么　　　　　考古学是什么

经济学是什么　　　　　民族学是什么

政治学是什么　　　　　军事学是什么

人类学是什么　　　　　图书馆学是什么